토기장이

"우리는 진흙이요 주는 토기장이시니
우리는 다 주의 손으로 지으신 것이라"(이사야 64:8)

영성의 뿌리는 묵상입니다

영성의 뿌리는 묵상입니다

강준민 지음

토기장이

서문

말씀 묵상의 깊이를 사모하십시오

　말씀 묵상은 제 삶을 변화시킨 하나님의 은총의 도구입니다. 목회자의 길에 들어서면서 저를 괴롭혔던 것은 제 안의 이중성이었습니다. 사람들 앞에서의 제 모습과 가정에서의 제 모습이 달랐습니다. 교회에서의 제 모습과 홀로 있을 때의 제 모습이 달랐습니다. 저는 어느덧 이중성의 노예가 되어 있었던 것입니다. 한 인간이 태어나 이중성으로부터 완벽하게 자유로워질 수는 없겠지만, 저는 이중성으로부터 자유케 되기를 갈망했습니다. 그때 만난 영적 훈련이 말씀 묵상이었습니다.

　말씀 묵상을 배우고 싶었지만 당시에는 가르쳐 주는 분이 없었습니다. 그 무렵 현재 디모데연구원 대표되시는 이재학 목사님께서 말씀 묵상 세미나 테이프를 선물해 주셨습니다. 하용조 목사님께서 산호세 지역의 목회자들을 위해 인도하셨던 말씀 묵상 세미나였습니다. 저는 그 테이프를 여러 번 반복해서 들으며 말씀 묵상이 무엇인가를 배웠습니다. 나중에는 녹취를 해서 말씀 묵상의 핵심 되는 원리들을 제 존재 속에 스며들게 만들었습니다.

말씀 묵상은 제가 예수님을 영접하고 성령 충만을 체험한 후에, 하나님께로부터 받은 소중한 선물 중 하나입니다. 저는 말씀 묵상을 통해 말씀 앞에 오랫동안 머무르는 법을 배웠습니다. 말씀 묵상을 통해 영혼의 일기를 쓰는 법을 배웠습니다. 말씀 묵상을 통해 하나님의 음성을 듣는 법을 배웠습니다. 매일 말씀 묵상을 통해 하나님의 인도를 받는 법을 배웠습니다. 아침에 묵상한 말씀을 하루 종일 묵상하며 사는 법을 배웠습니다. 말씀 묵상을 삶과 관계 속에 구체적으로 적용하는 법을 배웠습니다.

말씀 묵상을 통해 하나님과 솔직히 대화하는 법을 배웠습니다. 말씀 묵상을 통해 하나님 앞에 제 자신을 솔직하게 드러내는 법을 배웠습니다. 제 아픔, 상처, 두려움, 불안, 염려, 분노, 미움, 고뇌, 나쁜 생각들을 드러내기 시작했습니다. 이 과정들을 통해 저는 점점 '이중성의 노예'로부터 자유케 되는 것을 경험했습니다. 하나님이 제게 원하시는 것은 완벽함이 아니라 진실함이었습니다. 하나님은 제 있는 모습 그대로를 사랑해 주셨습니다. 하나님은 말씀 묵상을 통해 죄와 잘못된 오류는 회개하고, 말씀 속에 담긴 예수님의 성품을 닮아 가도록 도와주셨습니다.

말씀 묵상은 신비요 은총입니다. 엄밀한 의미에서 모든 것은 하나님에 의해 시작됩니다. 하나님이 우리를 먼저 선택하셨습니다. 하나님의 은혜로 우리를 구원하셨습니다. 또한 우리를 찾아오셔서 말씀과 기도의 세계로 이끌어 주십니다. 그런 까닭에 우리는 어떤 것도 자랑할 것이 없습니다.

말씀 묵상을 처음 배울 때, 말씀 묵상에 대해 정의하는 것이 어려웠습니다. 제가 처음 생각했던 말씀 묵상의 정의는 "말씀 묵상이란 말씀을 통해 예수님을 닮아 가는 것이다"였습니다. 그러던 어느 날 하용조 목사님께서 제게 성령님과 함께 말씀을 묵상하라고 권면해주셨습니다. 물론 그전에도 성령님의 도우심을 받았지만 그날 이후로 더욱 성령님의 인도하심을 받아야겠다고 생각하게 되었습니다. 저는 성령님을 더욱 의지하는 가운데 말씀 묵상에 대한 정의가 조금 더 확장되었습니다. "말씀 묵상이란 성령님 안에서 말씀을 통해 예수님을 닮아 가는 것이다."

제 깊은 갈망은 말씀 묵상을 통해 예수님의 성품을 닮아 가는 것이었습니다. 그런데 성경을 깊이 묵상하는 중에 예수님의 성품과 함께 예수님의 지혜도 함께 닮아 가야 한다는 깨달음에 이르게 되었습니다. 예수님의 성품을 닮아 간다는 것은 우리의 존재가 변화되는 것을 의미합니다. 예수님의 성품과 함께 예수님의 지혜를 닮아 간다는 것은 하나님이 맡기신 과업을 성취하는 것을 의미합니다. 예수님은 하나님 아버지께서 맡기신 일을 이루어 하나님을 영화롭게 하셨습니다요 17:4. 하나님의 백성들은 누구나 이 땅에서 하나님이 맡기신 일을 이루어 하나님을 영화롭게 해야 합니다. 하나님이 맡기신 일을 이루는 데는 예수님의 성품과 함께 예수님의 지혜가 반드시 필요합니다. 사도 바울은 성도들을 양육할 때, 예수님의 모든 지혜로 각 사람을 가르쳤습니다골 1:28.

말씀 묵상을 통해 제가 하나님께 받은 축복은 이루 말할 수 없습니다. 말씀 묵상을 통해 말씀 속에 살아 역사하시는 하나님을 만날 수 있었습니다. 거룩한 상상력을 동원해서 말씀 속으로 들어가면, 말씀 속에 계신 예수님을 만날 수 있었습니다. 또한 성경에 나오는 인물들을 만날 수 있었습니다. 그들의 대화를 엿들을 수 있었습니다. 그들이 느끼는 감정을 함께 느낄 수 있었습니다. 말씀 묵상을 통해 관찰력, 통찰력, 분별력, 그리고 창의력을 얻게 되었습니다. 말씀 묵상을 통해 하나님과 솔직하게 대화하는 중에 성도님들과 소통하는 법을 배웠습니다.

말씀 묵상을 통해 내면세계를 돌아보게 되었고, 마음을 가꾸는 지혜를 배우게 되었습니다. 특별히 제 감정을 관찰하고 다스리는 훈련을 하게 되었습니다. 말씀 묵상은 저를 침묵의 세계로 이끌어 주었습니다. 침묵을 통해 고요함에 이르는 은혜를 누리도록 도와주었습니다. 말씀 묵상을 통해 속도보다 방향의 중요성을 깨달았습니다. 속도를 넘어 깊음의 세계로 들어가는 법을 배웠습니다. 말씀 묵상 중 하나님과 나눈 대화들을 글로 쓰는 중에 글 쓰는 법을 배웠습니다.

말씀 묵상을 통해 천천히, 깊이 읽는 법을 배웠습니다. 천천히 깊이 읽는 법을 배우면서 하나님의 마음을 읽고, 사람의 마음을 읽고, 시대의 흐름을 읽는 법을 배웠습니다. 말씀 묵상을 통해 제 자신이 말씀에 읽혀지는 법을 배웠습니다. 제가 말씀을 읽는 것이 아니라 오히려 말씀이 저를 읽도록 제 자신을 드러내는 법을 배웠습니다. 말씀 묵상을 통해 느낌의 영성을 추구하게 되었습니다. 말씀 묵상을 통해 잠시 멈추는 법을 배웠습니다. 하나님 앞에 홀로 머무는 법을 배웠습니다. 말씀 묵상을 통해 자아를 성찰하는 법을 배웠습니다. 하지만 지나친 자아 성찰을 통해 병적으로 자신에게 집착할 수 있음도 깨닫게 되었습니다. 그 후로 제 자신을 성찰하는 시간뿐만 아니라 하나님을 바라보는 시간을 더욱 많이 갖게 되었습니다. 제 변화는 자아 성찰을 통해 일어난 것보다 예수님을 바라보는 가운데 더욱 많이 일어났습니다. 변화는 인간의 노력으로 되는 것이 아니라 하나님의 은혜로만 가능합니다.

저는 이 책을 쓰는 중에 말씀 묵상에 대해 더욱 많은 것을 배울 수 있었습니다. 가르침을 통해 배운다는 말을 실감할 수 있었습니다. "가르치는 사람은 두 번 배운다"라는 말은 진리입니다. 당신이 이 책을 읽고 있다면 말씀을 갈망하는 분임에 틀림없습니다. 말씀 묵상의 깊이를 사모하는 분임에 틀림이 없습니다. 이 책을 서둘러 읽지 말고 천천히 읽으면서 배운 것을 실천해 보십시오. 성령님을 초청해서 말씀을 묵상하십시오. 말씀 묵상을 통해 예수님의 성품과 지혜를 닮아 가십시오. 이 책을 읽고 직접 실천하실 뿐만 아니라 말씀 묵상을 배우기 원하는 분들을 도와 드리십시오.

말씀 묵상의 원리와 방법을 전수하는 중에 더욱 많은 것을 배우게 될 것입니다.

    기도와 정성으로 책을 만들어 주신 토기장이 가족들에게 감사를 드립니다. 저를 위해 기도해 주시는 새생명비전교회 가족들과 아내에게 감사를 전하고 싶습니다. 또한 말씀 묵상을 선물로 허락해 주신 하나님께 모든 영광을 올려드립니다.

로스앤젤레스에서 강준민 드림

차례

■ 서문

말씀 묵상과 침묵의 영성
CHAPTER 01 | 침묵함으로 내적 확신에 이르십시오 013

말씀 묵상과 들음의 영성
CHAPTER 02 | 잘 듣고 들은 대로 순종하십시오 039

말씀 묵상과 즐거워함의 영성
CHAPTER 03 | 하나님의 아름다움을 즐거워하십시오 071

말씀 묵상과 읊조림의 영성
CHAPTER 04 | 말씀의 되새김질로 영적 영양분을 흡수하십시오 101

말씀 묵상과 경외함의 영성
CHAPTER 05 | 하나님 경외함을 즐거워하십시오 125

말씀 묵상과 느림의 영성

CHAPTER 06 | 말씀을 음미함으로 '느림과 기다림'을 배우십시오   153

말씀 묵상과 멈춤의 영성

CHAPTER 07 | 생각의 기술을 배우십시오   179

말씀 묵상과 고요함의 영성

CHAPTER 08 | 보이지 않는 속사람을 잘 가꾸십시오   209

말씀 묵상과 학습의 영성

CHAPTER 09 | 말씀이 피가 되고 살이 되게 먹으십시오   241

말씀 묵상과 기도의 영성

CHAPTER 10 | 깊은 기도로 묵상의 절정에 이르십시오   273

· 말씀 묵상과 침묵의 영성 ·

침묵함으로
내적 확신에 이르십시오

"이르시기를 너희는 가만히 있어 내가 하나님 됨을 알지어다 내가 뭇 나라 중에서 높임을 받으리라 내가 세계 중에서 높임을 받으리라 하시도다"시 46:10.

말씀 묵상의 세계로 초대합니다

저는 예수님을 믿고 성령 충만함을 경험한 이후 말씀 묵상을 배우게 되었습니다. 말씀 묵상을 통해 하나님의 크신 은혜를 경험하며 지혜와 명철을 얻었습니다. 무엇보다 중요한 것은 말씀 묵상이 하나님의 아이디어라는 사실을 깨달았습니다.

성경은 묵상의 중요성을 끊임없이 강조합니다. 특별히 말씀을 묵상하는 것이 형통의 길이요, 철을 따라 풍성한 과실을 맺는 길임을 가르칩니다. 말씀 묵상과 관련된 다음 두 말씀을 우리는 주목할 필요가 있습니다.

"이 율법 책을 네 입에서 떠나지 말게 하며 주야로 그것을 묵상하여 그 안에 기록된 대로 다 지켜 행하라 그리하면 네 길이 평탄하게 될 것이며 네가 형통하리라"수 1:8.

"오직 여호와의 율법을 즐거워하여 그의 율법을 주야로 묵상하는도다 그는 시냇가에 심은 나무가 철을 따라 열매를 맺으며 그 잎사귀가 마르지 아니함 같으니 그가 하는 모든 일이 다 형통하리로다"시 1:2-3.

하나님은 말씀을 묵상하고, 그 말씀에 순종하며 사는 사람에게 형통함을 약속하셨습니다. 성경이 말하는 형통은 세상적으로 잘되고 성공하는 것보다 더 깊은 뜻을 지닙니다. 성경적인 형통은 하나님이 맡겨 주신 과업을 이루는 것입니다. 하나님이 각 사람에게 주신 재능과 은사를 활용해 사명을 완수하는 것입니다. 형통이란 단어를 부정적으로 생각하는 사람도 있습니다. 저도 한때 그랬습니다. 그런데 어느 날, 겸손하게 형통이란 단어를 환영해야 한다는 생각을 하게 되었습니다. 왜냐하면 형통에 대해 말씀하신 이도, 형통함을 약속해 주신 이도 하나님이신데 그것을 비판하는 것은 교만한 태도라는 생각이 들었기 때문입니다.

말씀 묵상에 대해 나누다 보면 종종 동양에서 말하는 명상과 묵상의 차이점을 묻는 사람들이 있습니다. 묵상과 명상은 얼핏 비슷해 보이지만 분명한 차이가 있습니다.

우선 명상은 생각을 비워 무념無念의 상태에 이르는 것을 의미합니다. 그 상태로 고요히 자신의 내면을 성찰하며 자아를 발견하는 것이 명상의 목표입니다. 잠잠히 자신의 생각과 감정의 흐름을 주시하면서 그 흐름을 살피고 분노, 두려움, 염려, 불안 등의 감정을 다스린다는 점에서 명상과 묵상은 그 모습이 닮았습니다.

하지만 성경에서 말하는 묵상이 명상과 다른 점은 생각과 감정을 다스리는 것을 넘어 모든 생각을 그리스도에게 사로잡아 온다는 것입니다고후 10:5. 또한 감정을 분별하고 다스리는 과정에서 성령님의 도우심을 받는 것입니다. 그렇게 육의 생각을 영의 생각으로 바꾸는 것입니다롬 8:6-8. 말씀 묵상은 비움을 넘어서 채움을 의미하기도 합니다. 죄와 탐욕은 비우지만 하나님의 말씀으로 하나님의 사랑으로 충만해지는 것이 성경적인 묵상입니다. 그리고 말씀 묵상을 통해 자아를 발견하는 단계를 넘어 하나님을 발견하는 것입니다. 자신을 성찰하고 반성하는 단계를 넘어 하나님을 바라보는 것입니다. 그렇게 하나님과 교제하는 가운데 하나님을 닮아가는 것이 바로 성경적인 묵상입니다.

저는 말씀 묵상을 통해 지혜를 얻었고, 마음의 정원을 잘 가꾸는 은혜를 경험했습니다. 말씀 묵상의 목표는 성령님 안에서 말씀을 통해 예수님을 닮아 가는 것입니다. 이는 기독교 영성의 목표와도 같습니다. 우리는 교회에서나 책을 통해 '영성'이란 말을 자주 듣습니다. 영성은 어떤 이의 정신을 따라 살아가는 것을 의미합니다. 그러므로 그리스도인의 영성은 곧 예수님의 정신을 따라 살아가는 것을 의미합니다. 말씀 되신 예수님을 묵상하고, 그분을 바라보고, 닮아 가는 것입니다. 또한 예수님의 말씀으로 충만해지는 것을 의미합니다. 말씀을 묵상할 때 가장 중요한 것은 예수님의 음성을 듣고, 그 음성에 순종하는 태도입니다.

말씀 묵상의 영성에 대해 생각할 때 가장 먼저 '침묵'이라는 단어가 떠올랐습니다. 그리고 시편 46편의 말씀이 생각났습니다.

> "이르시기를 너희는 가만히 있어 내가 하나님 됨을 알지어다 내가 뭇 나라 중에서 높임을 받으리라 내가 세계 중에서 높임을 받으리라 하시도다"시 46:10.

하나님은 우리에게 가만히 있으라고 말씀하십니다. 잠잠히 침묵하라고 말씀하십니다. 왜 그러실까요? 침묵하면 알게 되기 때문입니다. 침묵할 때, 하나님이 누구이신지를 알게 된다는 것입니다. 또한 침묵하면 듣게 됩니다. 침묵할 때 하나님이 말씀하시는 음성을 듣게 됩니다. 마지막으로 침묵하면 보게 됩니다. 하나님이 뭇 나라 중에서 높임을 받으시는 것을 보게 됩니다. 그래서 침묵에 대해 생각하고 공부하면 우리는 좀 더 깊은 묵상의 세계 가운데로 들어갈 수 있습니다.

침묵은 묵상의 세계로 들어가는 문입니다

 우리가 침묵을 배우는 가장 중요한 이유는 말씀을 깊이 묵상하기 위해서입니다. 성경을 통해 하나님의 말씀을 잘 듣기 위해서는 침묵할 줄 알아야 합니다. 침묵은 쉬운 것이 아닙니다. 침묵에는 외적 침묵이 있고, 내적 침묵이 있습니다. 먼저 외적 침묵은 말을 멈추는 것입니다. 말을 하지 않고 아끼는 것입니다. 만약 하루 종일 금언령이 내려진다면 어떨까요? 말하고 싶은 충동을 이겨내기가 쉽지 않을 것입니다. 그렇지만 말을 멈추고 침묵하기 시작하면 점점 신비로운 평화가 깃드는 것을 경험하게 될 것입니다.

 그런데 외적 침묵보다 더 어려운 것이 내적 침묵입니다. 내적 침묵은 마음을 잠잠하게 하는 것입니다. 외적 침묵이 입의 침묵이라면 내적 침묵은 마음의 침묵입니다. 말을 하지 않는다 할지라도 우리 마음속에서는 수없이 많은 생각들이 춤춥니다. 특히 겉으로는 애써 침묵한 채 속으로 상대를 판단하고 평가할 때가 얼마나 많습니까? 디트리히 본회퍼는 그런 침묵을 경계하고 겸손한 침묵 속으로 들어가도록 권면합니다.

 침묵 가운데는 용납되지 않는 침묵들, 즉 제멋에 겨운 침묵, 교만한 침묵, 눈꼴사나운 침묵도 있다. 이미 여기서 침묵 그 자체가 중요한 것이 아니라는 사실이 드러난다. 그리스도인의 침묵은 듣는 침묵이요, 겸손 때문에 언제든지 돌파될 수 있는 겸손한 침묵이다. 그리스도인의 침묵은 말씀에 매인 침묵이다 「신도의 공동생활 성서의 기도서」, 대한기독교서회, 85쪽.

또한 사라 맥로린은 「침묵 기도」를 통해 내적 침묵이 얼마나 어려운 일인지를 다음과 같이 표현합니다.

우리 마음은 본래 훈련받지 못한 야수와 같다. 우리 마음은 과거, 현재, 미래의 사건들에 대해 쉴 새 없이 재잘거린다. 우리 마음은 수다쟁이다. 사실 내 마음은 주변에 일어나는 모든 일에 참견한다. 이 괴물을 침묵시키거나 심지어 재갈을 물리는 일은 거의 불가능해 보인다.
나는 내적인 비판으로 시작한다. 나의 내적인 비판을 인정하길 거부함으로써 그것을 잠재울 수 있다. 나는 모든 사람을, 모든 것을 분석하는 습관이 있다. 하나님께 초점을 맞추려고 최선을 다하고 있는 동안에도, 비판적인 생각들이 밀고 들어와 분위기를 망쳐 놓는다 「침묵 기도」, 생명의 말씀사, 60쪽.

내적 침묵으로 들어가기 위해서 우리는 마음이 외치는 소리를 잠잠하게 해야 합니다. 그러기 위해서는 우리가 간섭하고 싶어 하는 모든 것을 내려놓아야 합니다. 걱정도, 누군가를 비판하고 정죄하려는 마음도 다 내려놓아야 합니다. 그리고 모든 것을 하나님께 맡겨야 합니다. 우리는 하나님만이 하실 수 있고, 하셔야 되는 일들을 가지고 너무 씨름하는 경향이 있습니다. 우리가 염려하고 근심하는 대부분의 일들은 우리가 해결할 수 없는 것들입니다. 그런데 우리는 마치 우리가 하나님이라도 된 듯이 염려하고 근심합니다. 그런 까닭에 우리 마음이 쉼을 얻지 못하는 것입니다.

우리가 침묵 훈련을 해야 하는 가장 중요한 이유는 하나님의 말씀을 잘 받기 위해서입니다. 우리는 말씀을 읽고, 말씀을 듣습니다. 그런데 말씀을 들어도 한 귀로 흘려버리고, 마음에 새기지 않을 때가 많습니다. 하박국 선지자는 하나님 앞에서 온 땅은 잠잠하라고 선포합니다.

"오직 여호와는 그 성전에 계시니 온 땅은 그 앞에서 잠잠할지니라 하시니라" 합 2:20.

하나님의 전에서 그분 앞에 설 때, 우리는 잠잠해야 합니다. 그 이유는 하나님이 하시는 말씀을 잘 듣기 위해서입니다. 디트리히 본회퍼는 말씀을 듣기 전에도 또한 말씀을 들은 후에도 침묵해야 한다고 가르쳐 줍니다.

말씀은 떠드는 사람이 아니라, 침묵을 지키는 사람에게 들려온다. 성전의 고요함은 말씀 안에 계시는 하나님의 거룩하신 임재의 표시다. … 우리는 말씀을 듣기 전에 침묵한다. 왜냐하면 우리의 생각이 말씀을 향하고 있기 때문이다. 이것은 어린이가 아버지의 방에 들어갈 때 침묵을 지키는 것과 같은 이치다. 우리는 말씀을 들은 후에도 침묵을 지킨다. 말씀이 아직도 우리 안에서 말하고 살며 거처를 만들고 있기 때문이다. 우리는 하루의 이른 아침에 침묵을 지켜야 한다. 첫 말씀은 하나님의 것이 되어야 하기 때문이다. 그리고 우리는 잠자리에 들기 전에 침묵한다. 마지막 말씀도 하나님의 것이기 때문이다. 우리가 침묵하는 것은 오직 하나님의 말씀 때문이다. 즉, 말씀을 욕되게 하기 위해서가 아니라, 말씀에 영광을 돌리고 말씀을 받아들이기 위함이다. 침묵이란 다름 아닌 하나님의 말씀을 기다리는 것이요, 하나님의 말씀으로부터 평안히 나오는 것이다「신도의 공동생활 성서의 기도서」, 84-85쪽.

본회퍼는 놀라운 통찰력으로 말씀을 묵상하면서 우리가 침묵해야 하는 이유를 설명합니다. 하나님의 말씀은 씨앗과 같습니다. 그래서 그 말씀이 우리 안에 뿌리를 내리고, 꽃을 피우고, 열매를 맺으려면 잠잠히 지켜보는 시간 곧, 침묵의 시간이 필요한 것입니다.

헨리 나우웬도 말씀과 침묵과의 관계를 잘 설명해 줍니다.

하나님의 말씀은 우리를 침묵으로 이끌고 침묵은 하나님의 말씀에 주의를 기울이게 합니다. 하나님의 말씀은 사람의 수다라는 두꺼운 벽을 넘어서 우리 마음의 조용한 중심으로 꿰뚫고 들어옵니다. 한편 침묵은 말씀을 들을 수 있는 자리를 우리 안에 열어 놓습니다. 말씀을 읽지 않으면 침묵은 김빠진 것이 되어버리고 침묵이 없이는 말씀은 그 재창조적인 힘을 잃어버립니다. 말씀은 침묵으로 이어지고 침묵은 말씀으로 이어집니다. 말씀은 침묵 가운데서 생겨나고 침묵은 말씀에 대한 가장 심오한 반응입니다「영적 발돋음」, 두란노, 163쪽.

우리가 침묵을 훈련하는 이유는 말씀을 받고, 말씀 속으로 들어가서 하나님을 바라보기 위함입니다. 진정한 영성은 우리 자신을 넘어 하나님을 향하는 것입니다.

"나의 영혼이 잠잠히 하나님만 바람이여 나의 구원이 그에게서 나오는도다 오직 그만이 나의 반석이시요 나의 구원이시요 나의 요새이시니 내가 크게 흔들리지 아니하리로다"시 62:1-2.

시편 기자는 잠잠히 하나님을 바라보는 중에 그의 구원이 하나님께로부터 나오는 것을 알았습니다. 하나님만이 그의 반석이요, 구원이요, 요새임을 알았습니다. 그런 까닭에 그는 흔들리거나 요동하지 않았습니다.

"하나님은 우리의 피난처시요 힘이시니 환난 중에 만날 큰 도움이시라 그러므로 땅이 변하든지 산이 흔들려 바다 가운데에 빠지든지 바닷물이 솟아나고 뛰놀든지 그것이 넘침으로 산이 흔들 릴지라도 우리는 두려워하지 아니하리로다 (셀라) 한 시내가 있 어 나뉘어 흘러 하나님의 성 곧 지존하신 이의 성소를 기쁘게 하 도다 하나님이 그 성 중에 계시매 성이 흔들리지 아니할 것이라 새벽에 하나님이 도우시리로다"시 46:1-5.

침묵 가운데 하나님을 바라보고, 또한 하나님이 어떤 분이신지 를 바로 알게 되면 두려움이 사라집니다. 그렇게 하나님과 교제할 때, 우리는 놀라운 내적 확신을 갖게 됩니다.

우리는 왜 쉽게 흔들리고 불안해지는 것일까요? 왜 사람에게 집착하고, 그들의 사랑에 매달리는 것일까요? 왜 사람들의 시선 을 의식한 채 그들의 의견에 휘둘리는 것일까요? 내적 확신을 갖 지 못하기 때문입니다. 우리가 스스로 하나님의 사랑을 받는 소중 한 존재라는 사실을 확신하고 있다면 더 이상 사람들의 시선을 신 경 쓸 필요가 없게 됩니다. 또한 하나님이 우리와 함께하신다는 확신이 넘치게 되면 우리는 사람들에게 지나치게 집착하지 않게 됩니다. 그렇게 우리가 각자 견고히 건강한 모습으로 설 때, 비로 소 공동체 안에서 진정으로 서로를 돌볼 수 있습니다.

우리가 사람들에게 상처받는 까닭은 그들을 지나치게 의존하 기 때문입니다. 사람들에게 지나친 사랑을 기대하기 때문입니다. 하나님만이 주실 수 있는 사랑과 용서와 배려를 사람에게 기대하기 때문에 늘 상처받고 살아가는 것입니다. 침묵하며 하나님의 음성을 듣고, 하나님이 주시는 에너지를 공급받을 때, 우리는 사람들과의 관계를 더욱 성숙하게 가꾸어 나갈 수 있습니다.

달라스 윌라드는 침묵 훈련이 내적 확신을 갖고 살아가는 데 도움이 된다고 강조합니다.

> 우리 중에 고요한 내적 확신을 가지고 사는 사람은 극히 적으며, 그것을 원하는 사람은 무척 많다. 그러나 이러한 내적 평정은 우리가 말을 하지 않는 것을 실천할 때 받게 되는 큰 은혜이다. 우리가 그것을 소유하게 되면, 그것을 필요로 하는 다른 사람을 도울 수 있다. 우리가 그러한 확신을 알고 난 다음에는 다른 사람들이 재보증과 승인을 구할 때 그들에게 그들의 내면의 깊은 물속에서 그것을 구하라고 조언할 수 있다「영성 훈련」, 은성, 190쪽.

예수님의 영성은 침묵의 영성입니다

침묵은 하나님의 지혜입니다. 하나님은 침묵 가운데 일하십니다. 하나님은 침묵 가운데 말씀하십니다. 침묵의 신비를 깨달았던 마더 테레사는 다음과 같이 고백했습니다.

하느님은 침묵의 친구이십니다. 우리는 하느님을 찾을 필요가 있습니다. 그러나 소음과 소동 속에서는 그분을 찾을 수 없습니다. 나무, 꽃, 풀잎 등 모든 자연물이 깊은 침묵 속에서 자라는 모습을 보십시오. 해와 달과 별들이 침묵 속에서 운행하는 모습을 보십시오.

우리가 침묵의 기도 속에서 더욱 많이 받아들이면 받아들일수록 바쁜 생활 속에서 더 많이 양보할 수 있습니다. 침묵은 우리에게 만물을 보는 새로운 시각을 가지게 합니다. 인간의 영혼을 감동시키기 위해서는 이러한 침묵이 필요합니다. 중요한 것은 우리가 하는 말이 아니고 하느님께서 우리에게, 우리를 통해서 하시는 말씀입니다.『사랑은 철 따라 열매를 맺나니』, 민음사, 88쪽.

예수님의 삶을 통해 우리는 침묵의 영성을 배웁니다. 예수님의 능력과 지혜는 침묵에서 나왔습니다. 예수님의 고요함도 침묵에서 나왔습니다.

예수님은 침묵하시기 위해 홀로 계셨습니다

예수님은 인기에 휩쓸리지 않으셨습니다. 사람에게 끌려 다니지도 않으셨습니다. 대신 예수님은 홀로 있는 시간을 통해 하나님과 교제하며 아버지의 사랑으로 충만하셨습니다. 신약 성경에는 예수님이 홀로 계신 장면이 자주 등장합니다.

"새벽 아직도 밝기 전에 예수께서 일어나 나가 한적한 곳으로 가사 거기서 기도하시더니"막 1:35.

"무리를 작별하신 후에 기도하러 산으로 가시니라 저물매 배는 바다 가운데 있고 예수께서는 홀로 뭍에 계시다가"막 6:46-47.

"무리를 보내신 후에 기도하러 따로 산에 올라가시니라 저물매 거기 혼자 계시더니"마 14:23.

"예수의 소문이 더욱 퍼지매 수많은 무리가 말씀도 듣고 자기 병도 고침을 받고자 하여 모여 오되 예수는 물러가사 한적한 곳에서 기도하시니라"눅 5:15-16.

"그러므로 예수께서 그들이 와서 자기를 억지로 붙들어 임금으로 삼으려는 줄 아시고 다시 혼자 산으로 떠나 가시니라"요 6:15.

침묵하기 위해서는 홀로 있어야 합니다. 영성가들은 인간적인 외로움과 영적 고독을 구별하라고 권면합니다. 사람은 다 외롭습니다. 그래서 사람들과 관계를 갖기를 원하며 그 관계에 집착합니다. 수많은 사람들이 페이스북, 트위터, 카카오톡을 사용하는 이유도 자신이 혼자가 아님을 확인하기 위해서입니다. 자신이 누군가에게 기억되는 존재이며, 누군가와 연결되어 있다는 것을 확인하고 싶어서입니다. 그러면서 많은 사람들이 스마트폰의 노예가 됐습니다. 누군가에게 문자메시지를 보냈는데 연락이 오지 않으면 불안해 하고 수시로 스마트폰을 통해 다른 이들의 일상을 들여

다뭅니다. 잠을 잘 때도 곁에 두고, 어떤 사람은 품에 안고 자기도 합니다. 그러나 외로움은 해결되지 않습니다. 외로움을 극복하는 방법은 오직 하나님과의 친밀한 교제 속으로 들어가는 것뿐입니다. 이것을 '영적 고독 상태'라고 말합니다. 인간적인 외로움을 넘어 성스러운 고독의 단계로 들어가는 것이 침묵의 영성입니다.

예수님은 침묵을 통해 말을 아끼셨습니다

하나님은 말씀으로 천지를 창조하셨습니다. 깊은 침묵을 통과한 말씀으로 천지만물을 지으셨습니다.

> "하나님의 말씀은 하나님의 영원한 침묵으로부터 생겨났다."
> _ 헨리 나우웬

침묵을 통과한 하나님의 말씀에 능력이 있었던 것처럼 우리의 말이 능력을 발휘하기 위해서는 침묵을 거쳐야 합니다. 하나님은 우리에게 언어를 허락해 주셨습니다. 우리의 혀에 능력과 권세를 허락해 주셨습니다.

> "죽고 사는 것이 혀의 힘에 달렸나니 혀를 쓰기 좋아하는 자는 혀의 열매를 먹으리라" 잠 18:21.

우리가 사용하는 말은 반드시 그 결과가 있습니다. 좋은 말은 좋은 결과를 만듭니다. 반면에 말 한마디 잘못해 어려움을 겪을 때도 얼마나 많습니까? 그래서 예수님은 항상 말을 조심하라고 가르치셨습니다.

"내가 너희에게 이르노니 사람이 무슨 무익한 말을 하든지 심판 날에 이에 대하여 심문을 받으리니 네 말로 의롭다 함을 받고 네 말로 정죄함을 받으리라" 마 12:36-37.

무익한 말이 아닌 유익한 말을 하기 위해서는 예수님처럼 말을 아낄 줄 알아야 합니다. 침묵이 필요한 순간 침묵할 줄 알아야 합니다. 십자가를 지시기 전, 예수님은 대제사장들과 빌라도 앞에서 심문을 받으셨습니다. 그러나 예수님은 그들의 질문에 모두 답하지 않으시고 필요할 때마다 침묵하셨습니다.

"대제사장이 일어서서 예수께 묻되 아무 대답도 없느냐 이 사람들이 너를 치는 증거가 어떠하냐 하되 예수께서 침묵하시거늘 대제사장이 이르되 내가 너로 살아 계신 하나님께 맹세하게 하노니 네가 하나님의 아들 그리스도인지 우리에게 말하라" 마 26:62-63.
"대제사장들과 장로들에게 고발을 당하되 아무 대답도 아니하시는지라 이에 빌라도가 이르되 그들이 너를 쳐서 얼마나 많은 것으로 증언하는지 듣지 못하느냐 하되 한 마디도 대답하지 아니하시니 총독이 크게 놀라워하더라"마 27:12-14.

우리는 예수님의 침묵을 배워야 합니다. 예수님의 말씀은 침묵을 통해서 나왔습니다. 그런 까닭에 그 말씀에 힘이 있었습니다. 권세가 있었습니다.

예수께서는 잠시 멈추신 후에 말씀하셨다. 이러한 침묵의 순간은 이어지는 그분의 말씀에 힘을 더해 주었다. 침묵은 예수님께 숙고하고 자신의 생각을 정리할 시간을 주었다. 그러기에 그분은 말씀하실 때 정직하고 진실하게 말씀하셨다. 그분에게 있어, 침묵은 진리의 버팀목이었다. 침묵은 그분의 말씀에 지혜를 불어 넣었다「침묵 기도」, 82쪽.

헨리 나우웬도 힘 있고 열매를 맺는 말은 침묵을 통해 나온다고 강조합니다.

힘 있는 말은 침묵으로부터 나온 말입니다. 열매를 맺는 말은 침묵으로부터 나와서 침묵으로 돌아가는 말입니다「사막의 영성」, 아침영성지도연구원, 101쪽.

예수님처럼 우리도 말을 아끼면 좋겠습니다. 우리는 경험을 통해 침묵으로 인해 문제가 생긴 적은 거의 없다는 사실을 잘 알고 있습니다.

> "나는 종종 말한 것을 후회할 때가 있다. 그러나 침묵을 지킨 것에 대해서는 결코 후회해 본 적이 없다."_ 아르세니우스

삶의 많은 문제들은 우리가 한 말로 인해 생긴 것입니다. 해서는 안 될 말, 무익한 말, 생각 없이 한 말, 충동적으로 한 말, 홧김에 한 말, 상대방을 배려하지 않고 한 말, 극단적인 말, 상처를 주는 말 때문에 문제가 생긴 것입니다. 우리는 많은 에너지를 말하는 데, 말로 인한 문제를 해결하는 데 소진합니다. 또한 말로 인한 상처로 긴 세월 고통받기도 합니다.

헨리 나우웬은 침묵할 때, 내면의 불꽃을 소멸시키지 않고 잘 가꿀 수 있다고 말합니다.

> 침묵은 내면의 타오르는 신앙적인 감정을 지켜 줍니다. 이 내면의 열기는 우리 안에 계시는 성령의 생명입니다. 따라서 침묵은 하나님의 내적인 불꽃을 보살피고 살아 있게 하는 수련입니다 「사막의 영성」, 94-95쪽.

사도 바울은 성령을 소멸하지 말라고 권면했습니다. 무익한 말을 하거나, 더러운 말을 하거나, 욕을 하거나, 분노에 찬 말을 할

때, 우리 내면에 거하시는 성령님의 불은 점점 약해집니다. 마치 겨울에 온돌방을 따뜻하게 데운 후 문을 열어 놓는 것과 같은 이치입니다. 그러면 어떻게 하면 우리 내면의 불꽃을 잘 간직할 수 있을까요? 침묵 가운데 하나님의 말씀을 묵상하며 주님과 친밀한 교제를 나눌 때, 우리 내면의 성령의 불꽃은 점점 타오르게 될 것입니다. 우리의 내면이 성령의 따뜻한 불길로 덮여질 때, 우리의 언어는 따뜻한 언어, 온유한 언어가 될 것입니다. 그때 우리는 언어를 통해 다른 사람의 식은 가슴을 따뜻하게 해 줄 수 있습니다. 마음의 상처를 치유할 수 있습니다.

예수님은 침묵을 통해 모든 것을 하나님 아버지께 맡기셨습니다

이사야 선지자는 장차 오실 예수님의 모습을 도수장으로 끌려가는 어린 양과 털 깎는 자 앞에서 잠잠한 양에 비유했습니다.

> "그가 곤욕을 당하여 괴로울 때에도 그의 입을 열지 아니하였음이여 마치 도수장으로 끌려가는 어린 양과 털 깎는 자 앞에서 잠잠할 양같이 그의 입을 열지 아니하였도다" 사 53:7.

예수님이 침묵 중에 십자가를 지신 것을 지켜보았던 베드로는 예수님이 침묵 중에 모든 것을 하나님께 맡겼다고 기록하고 있습니다.

"욕을 당하시되 맞대어 욕하지 아니하시고 고난을 당하시되 위협하지 아니하시고 오직 공의로 심판하시는 이에게 부탁하시며 친히 나무에 달려 그 몸으로 우리 죄를 담당하셨으니 이는 우리로 죄에 대하여 죽고 의에 대하여 살게 하려 하심이라 그가 채찍에 맞음으로 너희는 나음을 얻었나니" 벧전 2:23-24.

살다보면 억울한 일을 만날 수 있습니다. 때로는 정말 변명하고 싶을 때가 있습니다. 세상을 향해 그것은 잘못된 것이라고 소리치고 싶을 때도 있습니다. 그렇지만 그것으로 문제가 해결되는 것이 아닙니다. 우리가 예수님처럼 잠잠히 모든 것을 하나님께 맡길 때, 하나님은 우리를 위해 대신 일해 주십니다. 때가 되었을 때, 하나님이 예수님의 눈물을 닦아 주시고, 억울함을 풀어 주신 것처럼 우리의 눈물도 닦아 주시고, 억울함도 풀어 주실 것입니다.

우리 영혼은 침묵 속에서 안식을 누립니다

영혼은 너무 빠른 것을 싫어합니다. 너무 시끄러운 것을 싫어합니다. 대신 영혼은 조금 느린 것을 좋아합니다. 고요함을 좋아합니다. 그래서 우리는 어렵더라도 침묵을 훈련해야 합니다. 침묵 훈련을 위해서는 먼저 홀로 있는 시간을 가져야 합니다. 결혼 생활을 하는 부부도 서로에게 홀로 있을 수 있는 시간과 공간을 제공해 주어야 합니다. 그래야 서로에게 지나치게 매달리지 않게 되고 더욱 행복한 결혼 생활을 할 수 있습니다. 파스칼의 말을 기억하십시오.

"세상의 모든 불행은 홀로 조용하게 자신의 방에 앉아 있지 못하는 데서 비롯된다."_파스칼

먼저 외적 침묵을 훈련하십시오. 침묵의 시간을 정해 놓고 말하지 않는 훈련을 하십시오. 말을 해야만 한다면 꼭 필요한 말만 하도록 하십시오. 그런 뒤에 내적 침묵을 훈련하십시오. 내적 침묵은 우리 내면의 소음을 잠재우는 것입니다. 처음에는 시간이 많이 걸릴 수 있습니다. 그렇지만 조금 더 말씀 앞에 머물면 어느 순간 우리 마음에 고요함이 깃들게 됩니다. 특별히 침묵하는 동안에는 스마트폰을 끄십시오. 스마트폰을 끈다고 해서 우주가 멈추지는 않습니다.

내적 침묵을 훈련할 때 처음에는 메모지를 준비하십시오. 당장 해야 할 것처럼 떠오르는 일들을 메모지에 적어 두십시오. 염려가

되는 일들은 기도로 하나님께 맡기십시오. 그러면 조급해지는 마음으로부터 자유로워질 수 있습니다. 그리고 어느 순간 자신도 모르는 사이 내면의 고요함을 경험하게 될 것입니다. 처음에는 갖가지 생각이 퍼레이드처럼 마음속에 펼쳐질 것입니다. 불안하기도 하고, 두렵기도 할 것입니다. 마치 자신이 해야 할 일을 하지 않고 게으름을 피우는 것은 아닌지 느껴질 수도 있습니다. 하지만 그런 생각이 들 때마다 그 생각을 거듭 내려놓으십시오. 침묵의 시간은 게으름의 시간이 결코 아닙니다. 오히려 침묵을 통해 우리는 더 놀라운 지혜와 통찰력을 얻게 됩니다. 새로운 시각을 가질 수가 있습니다. 내적인 확신과 힘을 얻습니다. 그리고 헨리 나우웬의 고백처럼 어느 시점에 이르게 되면 하나님 앞에 머무는 침묵의 시간을 그리워하게 될 것입니다.

하나님의 임재 가운데서 아무것도 하지 않고 조용히 있는 것은 모든 기도의 핵심적인 부분입니다. 처음에는 하나님의 음성보다도 주체할 수 없는 자기 내면의 소리가 더 많이 들릴 것입니다. 이것은 종종 매우 참기가 어렵습니다. 하지만 서서히, 아주 서서히 우리가 발견하게 되는 것은 이 침묵의 시간이 우리를 고요하게 만들고 또 자신과 하나님을 더 깊이 의식하게 만든다는 것입니다. 그리고 나면 당장에, 우리가 그런 시간을 빼앗기게 되면 우리는 그런 순간들을 그리워하기 시작합니다. 또 우리가 충분히 의식하기도 전에 어떤 내면의 타성이 생겨서 우리를 점점 더 침묵으로 이끌고 또 하나님이 우리에게 말씀하시는 그 조용한 지점으로 우리를 더욱 가깝게 이끌어 갑니다"영적 발돋음』, 두란노, 163쪽.

내적 침묵 속으로 들어갈 때, 하나님의 말씀을 집중해서 묵상하십시오. 너무 많은 말씀을 읽고 묵상하려고 하지 말고 되도록 짧은 말씀을 집중해서 묵상하십시오. 무엇보다 그 말씀 속에서 하나님을 묵상하십시오. 하나님의 임재 가운데로 들어가 하나님의 음성을 들으십시오. 하나님의 품에서 안식하십시오. 그 품을 즐거워하십시오. 그리스도인의 묵상은 비움을 넘어 충만에 이르는 것입니다. 은혜와 진리, 그리고 하나님의 사랑으로 충만해지는 것입니다. 하나님으로 충만해지는 것입니다. 하나님의 임재 앞에서 즐거워하는 것입니다.

침묵 훈련은 말없이 살겠다고 작정하는 것이 아닙니다. 오히려 더욱 유익한 말, 창조적인 말, 누군가를 살리는 말을 하기 위한 훈련입니다. 본회퍼의 권면처럼 아침에 일어날 때, 침묵 중에 말씀을 묵상하십시오. 또한 잠자리에 들기 전에 침묵 중에 말씀을 묵상하며 하루를 마감하십시오. 우리의 영혼이 말씀과 더불어 잠자리에 들도록 말씀을 묵상하십시오.

침묵할 때, 우리는 더욱 잘 듣게 됩니다. 더욱 잘 보게 됩니다. 더욱 좋은 관계를 맺게 됩니다. 더욱 지혜롭고 총명해 집니다. 또한 침묵을 통해 문제를 더욱 잘 해결하며 위기를 잘 극복할 수 있습니다. 침묵을 통해 더욱 깊은 영성의 세계로 들어가시길 바랍니다.

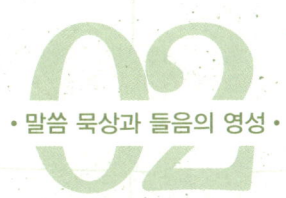

· 말씀 묵상과 들음의 영성 ·

잘 듣고 들은 대로 순종하십시오

"오호라 너희 모든 목마른 자들아 물로 나아오라 돈 없는 자도 오라 너희는 와서 사 먹되 돈 없이, 값없이 와서 포도주와 젖을 사라 너희가 어찌하여 양식이 아닌 것을 위하여 은을 달아 주며 배부르게 하지 못할 것을 위하여 수고하느냐 내게 듣고 들을지어다 그리하면 너희가 좋은 것을 먹을 것이며 너희 자신들이 기름진 것으로 즐거움을 얻으리라 너희는 귀를 기울이고 내게로 나아와 들으라 그리하면 너희의 영혼이 살리라 내가 너희를 위하여 영원한 언약을 맺으리니 곧 다윗에게 허락한 확실한 은혜이니라" 사 55:1-3.

말씀 묵상은 하나님의 음성을 듣고 순종하는 것입니다

침묵의 영성은 들음의 영성으로 이어집니다. 우리가 하나님 앞에서 말씀을 묵상하며 침묵하는 이유는 하나님의 음성을 듣고 그 음성에 순종하기 위함입니다.

잘 들어야 순종할 수 있습니다. 사울 왕은 하나님의 말씀을 잘 듣지 않았습니다. 그래서 그는 불순종했고, 그 결과 하나님의 축복을 상실하고 말았습니다.

"사무엘이 이르되 여호와께서 번제와 다른 제사를 그의 목소리를 청종하는 것을 좋아하심 같이 좋아하시겠나이까 순종이 제사

보다 낫고 듣는 것이 숫양의 기름보다 나으니 이는 거역하는 것
은 점치는 죄와 같고 완고한 것은 사신 우상에게 절하는 죄와 같
음이라 왕이 여호와의 말씀을 버렸으므로 여호와께서도 왕을 버
려 왕이 되지 못하게 하셨나이다 하니"삼상 15:22-23.

불순종으로 인해 사울 왕의 생애는 비참해졌습니다. 인류의 비극 또한 아담과 하와의 불순종에서 시작되지 않았습니까? 반면 순종의 삶은 놀라운 영향을 끼칩니다. 예수님 한 분의 순종으로 인류에게 영생의 길이 열렸습니다. 하나님께로부터 죄인이 의롭다 함을 얻는 길이 열렸습니다롬 5:12-19. 순종의 뿌리는 바로 하나님의 말씀을 경청함에 있습니다. 하나님은 우리에게 말하기는 더디 하고, 듣기는 잘하라고 권면하십니다.

"내 사랑하는 형제들아 너희가 알지니 사람마다 듣기는 속히 하고 말하기는 더디 하며 성내기도 더디 하라"약 1:19.

하나님은 우리에게 두 개의 귀와 한 개의 입을 주셨습니다. 말하는 것보다 두 배로 잘 들으라고 그리하신 것입니다. 하나님은 어린 사무엘에게 말씀하셨듯 나이를 따지지 않고 말씀하십니다. 그리고 어린 시절 하나님의 음성을 듣는 경험을 하면 그 경험은 일평생 영향을 끼치게 됩니다.

예수전도단의 창시자인 로렌 커닝햄은 「하나님, 정말 당신입니까?」에서 자신의 어린 시절 예화를 들려줍니다. 그는 여섯 살 때 참석한 어느 집회에서 하나님의 음성을 듣고 자신이 하나님께 속했음을 깨달았다고 말합니다. 또한 심부름하라고 받은 돈을 잃어버렸을 때 어머니가 기도를 통해 하나님의 음성을 듣는 모습을 보면서 다음과 같은 놀라운 경험을 했다고 고백합니다.

돈을 잃어버렸다는 것을 말씀드렸을 때 어머니의 얼굴은 어두워졌다. 그것은 우리에게 그만큼 큰 손실이었다. 그렇지만 금세 어머니의 표정이 밝아지셨다.
"얘야, 이리 와서 기도하자. 그 돈이 어디에 있는지 하나님께서 보여 주시도록 기도하자."
어머니는 선 채로 손을 내밀어 내 가냘픈 어깨에 얹고 하나님께 이렇게 기도했다. "주님, 주님께서는 그 5달러가 정확히 어디에 숨겨 있는지 아십니다. 이제 우리가 기도합니다. 어디에 있는지 가르쳐 주세요. 우리의 생각 속에 말씀해 주세요. 그 돈으로 우리 가족이 먹고 살아야 하는 것을 주님께서 아십니다."
어머니는 눈을 감은 채 기다렸다. 끓고 있는 콩냄비 뚜껑이 딸그락 거리는 소리가 들렸다. 갑자기 어머니는 내 어깨를 꽉 쥐면서 "로렌, 그 돈은 수풀 아래에 있다고 방금 하나님께서 말씀하셨다." 어머니가 조금 낮은 목소리로 말씀하셨다. 어머니는 즉시 문을 열고 밖으로 뛰어

나가셨고 나도 그 뒤를 따라서 뛰었다. 날은 점점 어두워졌다. 나는 아까 왔던 길을 찬찬히 밟아 가면서 수풀과 울타리를 뒤졌다. 어머니가 상록수들이 있는 곳을 향해 길바닥을 내려다보면서 멈춰 서 있을 때는 너무 어두워서 거의 볼 수가 없었다. "저 나무 밑을 살펴보자." 어머니는 그 나무들이 있는 곳을 똑바로 쳐다보면서 흥분해서 소리 쳤다. 우리는 그 나무 밑으로 가 샅샅이 뒤졌다. 그런데 그루터기 나무 바닥에 5달러짜리 지폐가 있었다.

그날 저녁 콩과 옥수수 빵과 함께 큰 잔으로 우유를 가득 마시면서, 어머니와 나는 하나님께서 어떻게 그날 우리를 돌보아 주셨는지 필리스와 아버지, 그리고 우리의 갓난 동생에게도 간증했다「하나님, 정말 당신이십니까?」, 예수전도단, 20-21쪽.

당시 아홉 살이었던 로렌 커닝햄은 기도를 통해 하나님의 음성을 듣는 어머니의 모습을 보고 배우면서 자신도 삶 속에서 하나님의 음성에 계속해서 귀 기울이게 됩니다. 왜 우리는 하나님의 음성을 들어야 할까요? 또한 어떻게 하나님의 음성을 들을 수 있을까요?

하나님은 잘 듣는 사람을 축복하십니다

들음의 영성을 묵상할 때 가장 먼저 떠오른 말씀이 이사야 55

장 1-3절의 말씀이었습니다. 저는 이 말씀을 묵상하면서 하나님의 음성 듣기를 갈망했습니다.

> "오호라 너희 모든 목마른 자들아 물로 나아오라 돈 없는 자도 오라 너희는 와서 사 먹되 돈 없이, 값없이 와서 포도주와 젖을 사라 너희가 어찌하여 양식이 아닌 것을 위하여 은을 달아 주며 배부르게 하지 못할 것을 위하여 수고하느냐 내게 듣고 들을지어다 그리하면 너희가 좋은 것을 먹을 것이며 너희 자신들이 기름진 것으로 즐거움을 얻으리라 너희는 귀를 기울이고 내게로 나아와 들으라 그리하면 너희의 영혼이 살리라 내가 너희를 위하여 영원한 언약을 맺으리니 곧 다윗에게 허락한 확실한 은혜이니라"사 55:1-3.

하나님은 초청하십니다. 목마른 자들을 초청하십니다. 누구나 물로 나아오라고 초청하십니다. 돈 없는 사람도 와서 값없이 포도주와 젖을 사라고 초청하십니다. 그렇게 하나님은 들음의 영성으로 우리를 초청하십니다. "내게 듣고 들을지어다"는 히브리적 강조법이 쓰인 문장입니다. 반복을 통해 '듣기'를 강조하는 것입니다. 그런데 그냥 듣지 말고 귀를 기울이고 하나님께 나아와 들으라고 말씀하십니다. 그냥 듣는 것과 귀를 기울이고 듣는 것은 다릅니다. 귀를 기울인다는 것은 집중해서 듣는 것을 의미합니다. 순종하기 위해 듣는 것을 의미합니다.

"듣는다"라는 말은 라틴어로 "아우디레audire"입니다. 온전히 귀를 기울여 주의 깊게 듣는 걸 "옵 아우디레ob-audire"라고 하는데, 거기서 "순종obedience"이라는 말이 나왔습니다.『삶의 영성』, 두란노, 49쪽.

하나님은 말씀을 듣고 순종하는 사람에게 축복을 약속하셨습니다. 앤드류 머레이는 하나님이 가장 기뻐하시는 것이 '순종'이라고 말합니다.

순종이 하나님 보시기에 얼마나 말할 수 없이 기쁜 것이며, 또한 그 순종을 인하여 하나님 부어 주시는 상급이 얼마나 큰 것인가를 우리는 과연 어느 때나 알게 될 것인가? 세상에 복을 끼치는 길은 바로 순종의 사람이 되는 것이다.『순종』, 생명의 말씀사, 8쪽.

그러면서 그는 축복이 아닌 순종을 구할 때, 하나님께서 축복을 채워 주실 것이라고 고백했습니다.

들음의 영성에 대해 말씀을 묵상하는 중에 원죄의 뿌리가 하나님의 말씀을 올바로 듣지 않은 데 있다는 사실을 새삼 깨달았습니다. 원죄의 뿌리는 듣기를 게을리하는 데 있었습니다. 듣기에 게을리 했던 아담과 하와는 결국 하나님께 불순종했습니다. 하나님은 분명히 선악과를 "먹지 말라"고 하셨는데 하와는 이 명령에 "만지지도 말라"는 말을 덧붙입니다. 또한 선악과를 따 먹는 날에는 "정녕 죽으리라"고 하신 하나님의 말씀을 "너희가 죽을까 하노라"라고 왜곡시킵니다.

만약 아담과 하와가 하나님의 말씀을 정확히 들었다면 유혹하는 뱀의 속삭임을 정확히 알아차리고 뱀의 유혹을 물리칠 수 있었을 것입니다. 아담과 하와의 불순종으로 그들에게 저주와 심판과 정죄가 임했습니다. 가정불화가 생겼습니다. 이렇게 불순종의 결과는 참으로 무섭습니다. 반면 예수님은 하나님의 말씀에 순종하셨습니다. 하나님의 음성에 늘 귀 기울이시며 죽기까지 순종하셨습니다. 예수님의 순종은 온 인류에 엄청난 영향을 끼쳤습니다. 예수님의 순종으로 우리는 죄 사함과 구원을 받은 것입니다. 그렇다면 하나님께서 순종하는 사람에게 예비하신 축복은 무엇일까요?

첫째, 하나님의 음성을 들으면 좋은 것을 누리게 됩니다

이사야 55장 2절에 보면 하나님의 음성을 들으면 좋은 것을 먹을 것이라고 기록되어 있습니다. 하나님은 그분이 소유하신 좋은 것을 우리에게 주시기 원하십니다.

> "좋은 것으로 네 소원을 만족하게 하사 네 청춘을 독수리같이 새롭게 하시는도다"시 103:5.

"너희가 악한 자라도 좋은 것으로 자식에게 줄 줄 알거든 하물며 하늘에 계신 너희 아버지께서 구하는 자에게 좋은 것으로 주시지 않겠느냐" 마 7:11.

성경에서 말하는 가장 좋은 것은 '생명의 말씀'입니다. 유진 피터슨은 「메시지 구약 예언서」 성경에서 이사야 55장 2절을 다음과 같이 번역했습니다.

"주목하여라. 이제 가까이 다가와서 생명을 주는 말, 생명을 길러 내는 나의 말에 귀 기울여라."

생명의 말씀은 복음입니다. 곧 예수님이십니다. 예수님은 생명의 떡입니다. 세상의 것으로는 우리 영혼을 참으로 만족시킬 수 없습니다. 우리 영혼은 오직 생명의 떡이신 예수님으로만 만족할 수 있습니다. 하나님의 음성을 들을 때, 우리는 좋은 것을 먹을 뿐 아니라 즐거움을 얻게 됩니다. 좋은 것과 즐거움은 함께 동행합니다. 이사야 선지자는 "기름진 것으로 즐거움을 얻으리라"고 기록합니다. 여기서 '기름진 것'은 무엇일까요? 히브리서 1장에 그 해답이 나와 있습니다.

"아들에 관하여는 하나님이여 주의 보좌는 영영하며 주의 나라의 규는 공평한 규이니이다 주께서 의를 사랑하시고 불법을 미워하셨으니 그러므로 하나님 곧 주의 하나님이 즐거움의 기름을 주께 부어 주를 동류들보다 뛰어나게 하셨도다 하였고"히 1:8-9.

하나님은 아들이신 예수님께 즐거움의 기름을 부으셨습니다. 이 즐거움의 기름은 바로 '성령님'입니다. 마태복음 7장 11절에도 구하는 자에게 하나님이 좋은 것을 주신다고 말씀하셨는데, 누가복음 11장을 통해 우리는 그것이 '성령님'임을 알게 됩니다. 즉, 하나님 아버지가 주시는 좋은 것은 바로 성령님을 의미하는 것입니다.

"너희가 악할지라도 좋은 것을 자식에게 줄 줄 알거든 하물며 너희 하늘 아버지께서 구하는 자에게 성령을 주시지 않겠느냐 하시니라"눅 11:13.

둘째, 하나님의 음성을 들으면 소생하게 됩니다

이사야 55장 3절을 보면 "하나님께 귀 기울이고 나아와 들으면 영혼이 살리라"고 기록되어 있습니다. 우리 영혼은 하나님의 말씀을 들을 때 소생하게 됩니다. 부흥을 경험하고 부활을 경험하게 됩니다. 부흥이란 새롭게 소생하는 것입니다. 부활이란 죽은 자가 살아나는 것입니다. 예수님을 믿지 않는 사람은 영적으로 죽은 자입니다. 우리도 예수님을 믿기 전에는 죄와 허물로 죽었던 사람들입니다. 그런데 복음을 듣고, 하나님의 말씀을 듣고 살아난 것입니다.

> "진실로 진실로 너희에게 이르노니 죽은 자들이 하나님의 아들의 음성을 들을 때가 오나니 곧 이때라 듣는 자는 살아나리라" 요 5:25.

셋째, 하나님의 음성을 들으면 은혜를 누리게 됩니다

하나님은 그분의 말씀을 듣는 자에게 영원한 언약을 약속하십니다. 그 언약은 하나님께서 다윗에게 허락하신 은혜의 언약입니다.

> "너희는 귀를 기울이고 내게로 나아와 들으라 그리하면 너희의 영혼이 살리라 내가 너희를 위하여 영원한 언약을 맺으리니 곧 다윗에게 허락한 확실한 은혜이니라" 사 55:3.

다윗이 성전 건축을 소망할 때, 하나님은 그것을 그의 아들에게 맡기라고 말씀하십니다. 그리고 그에게 놀라운 축복의 언약을 맺으십니다.

> "네 집과 네 나라가 내 앞에서 영원히 보전되고 네 왕위가 영원히 견고하리라 하셨다 하라" 삼하 7:16.

다윗의 집과 다윗의 나라가 영원히 보전될 것이며, 그 왕위가 영원히 견고하리라는 놀라운 은혜의 언약입니다. 하나님의 약속을 붙잡고 다윗은 다음과 같이 기도합니다.

"주 여호와여 오직 주는 하나님이시며 주의 말씀들이 참되시니이다 주께서 이 좋은 것을 주의 종에게 말씀하셨사오니 이제 청하건대 종의 집에 복을 주사 주 앞에 영원히 있게 하옵소서 주 여호와께서 말씀하셨사오니 주의 종의 집이 영원히 복을 받게 하옵소서 하니라"삼하 7:28-29.

다윗은 하나님의 은혜를 체험한 사람입니다. 그는 여덟째 아들로 태어났습니다. 가정에서 인정받지 못했습니다. 그런데 하나님은 그에게 은혜를 베푸셨습니다. 그가 세운 나라에 은혜를 베푸셨습니다. 다윗이 아둘람 굴에서 사울의 추적을 피해 숨어 있을 때, 환난을 당한 자, 빚진 자, 마음이 원통한 자들이 그에게 찾아왔습니다삼상 22:2. 그들은 주변인으로 모두 소외 당하는 사람들이었습니다. 그런데 하나님은 다윗과 함께 그들에게도 은혜를 베푸셨습니다. 그리고 그들은 훗날 다윗이 세운 나라에서 중요한 역할을 감당하게 됩니다. 다윗의 나라는 장차 예수님이 오셔서 세울 나라의 그림자입니다.

이 은혜의 언약은 결국 예수님이 성취하십니다. 다윗의 집과 다윗의 왕국은 곧 하나님 아버지의 집과 하나님의 나라를 상징합니다. 다윗의 왕위는 곧 다윗의 후손으로 오신 예수님의 영원한 왕위를 의미합니다. 예수님이 이 땅에 오셔서 은혜의 시대가 시작되었습니다. 은혜의 문이 열렸습니다. 우리가 할 일은 은혜의 문으로 들어서는 것입니다. 하나님이 예비하신 하늘의 은혜, 충만하고 풍성한 은혜를 누리기 위해서는 복음을 받고 은혜의 문으로 들어가면 됩니다.

한국 영화 가운데 "관상"이라는 영화가 수많은 사람들의 관심을 끌었습니다. 관상이란 얼굴의 상을 보는 것으로 종종 이것을 통해 미래를 점치는 사람들이 있습니다. 얼굴의 상에 따라 미래가 이미 규정되었다고 여기는 일종의 운명론적인 사고입니다. 기독교는 운명론을 철저하게 배척합니다. 기독교의 복음은 누구든지 예수님을 믿기만 하면 새로운 피조물이 되어 변화된 인생을 살 수 있다고 말합니다.

예수님은 남편을 다섯이나 두었던 사마리아 여인에게 은혜를 베푸셨습니다. 사마리아 여인은 변화되었습니다. 또한 예수님은 세리 마태를 제자로 삼으셨습니다. 그는 마태복음을 기록한 제자가 되었습니다. 그리고 당시 주변인으로 살았던 어부들을 제자로 삼으셔서 그들을 통해 하나님의 나라를 선포케 하셨습니다. 이 은혜는 지금도 계속되고 있습니다. 우리는 무엇보다 하나님의 이 은혜의 음성을 듣기 위해 힘써야 합니다.

넷째, 하나님의 음성을 들으면 인도하심을 받게 됩니다

하나님은 우리를 인도해 주시기 원합니다. 하나님의 인도를 받을 때, 우리는 가장 좋은 길로 나아갈 수가 있습니다. 이사야 55장 12-13절은 하나님의 인도함을 받을 때 어떤 일들이 일어나는지를 잘 보여 줍니다. 하나님의 인도를 받을 때 산들과 언덕들이 노래하고, 모든 나무가 손뼉을 칠 것이라고 말씀합니다. 잣나무는 가시나무를 대신하여 나며 화석류는 찔레를 대신하여 날 것이라고 말씀합니다. 유진 피터슨의 「메시지 구약 예언서」 성경을 보면 조금 더 쉽게 이해할 수 있습니다.

"그러므로 너희는 기쁨 가운데 나아가, 온전한 삶으로 인도 받을 것이다. 산과 언덕들이 앞장서 행진하며 노래를 터뜨릴 것이다. 숲 속 나무들도 모두 환호성을 올리며 그 행진에 동참할 것이다 엉겅퀴 대신에 거목들이 들어서고, 가시덤불 대신에 장중한 소나무들이 들어서서, 나 하나님을 기리는 기념물이 될 것이다. 하나님을 보여 주는, 생생하고 영속적인 증거가 될 것이다."

하나님의 인도를 받게 되면 산과 언덕이 노래하고 모든 나무가 환호성을 올리며, 엉겅퀴 대신 거목들이 들어서고, 가시덤불 대신 장중한 소나무들이 들어서게 됩니다. 엉겅퀴 같고, 가시덤불 같은 우리 인생이 하나님의 음성을 듣고 하나님의 인도를 받으면 장중한 소나무 같은 거목의 인생으로 변화되는 것입니다.

다섯째, 하나님의 음성을 들으면 지혜를 얻게 됩니다

하나님이 들음의 영성을 강조하신 까닭은 우리에게 지혜를 주시기 위함입니다. 예수님은 어릴 적 키가 자라며 지혜도 함께 자랐다고 성경은 기록합니다. 예수님의 지혜는 경청에서 비롯되었습니다. 누가복음 2장에 보면 예수님이 열두살 때 성전에서 선생들과 대화하는 모습이 나옵니다.

> "사흘 후에 성전에서 만난즉 그가 선생들 중에 앉으사 그들에게 듣기도 하시며 묻기도 하시니 듣는 자가 다 그 지혜와 대답을 놀랍게 여기더라"눅 2:46-47.

예수님은 선생들과 무슨 일을 하셨습니까? 듣기도 하시고 묻기도 하셨습니다. 지혜는 들음에서 나옵니다. 들음은 존중하는 마음에서 나옵니다. 그래서 들음은 얻음입니다. 들을 때 하나님의 마음을 얻고, 사람의 마음을 얻습니다. 들을 때 지식을 얻고 지혜를 얻습니다. 들을 때 잘 소통할 수 있습니다. 잘 듣는 사람이 말도 잘합니다. 솔로몬은 지혜 있는 자는 듣고 학식이 더해질 것이라고 말합니다.

"지혜 있는 자는 듣고 학식이 더할 것이요 명철한 자는 지략을 얻을 것이라"잠 1:5.

또한 지혜로운 자는 귀 기울여 지식을 구한다고 말합니다.

"명철한 자의 마음은 지식을 얻고 지혜로운 자의 귀는 지식을 구하느니라"잠 18:15.

구약에서 가장 지혜로운 왕은 솔로몬입니다. 솔로몬의 지혜는 들음에서 나왔습니다. 그가 일천 번제를 드렸을 때, 하나님은 그에게 무엇이 필요한지를 물으셨습니다. 그때 솔로몬은 '듣는 마음'을 주시길 간구했습니다.

"누가 주의 이 많은 백성을 재판할 수 있사오리이까 듣는 마음을 종에게 주사 주의 백성을 재판하여 선악을 분별하게 하옵소서" 왕상 3:9.

솔로몬이 하나님께 구한 '듣는 마음'을 역대하 1장 10절은 지혜와 지식으로 표현합니다.

"주는 이제 내게 지혜와 지식을 주사 이 백성 앞에서 출입하게 하옵소서 이렇게 많은 주의 백성을 누가 능히 재판하리이까 하니"대하 1:10.

여기서 이 두 말씀을 연결시켜 묵상해 보면 지혜와 지식은 듣는 마음에서 시작됨을 깨닫게 됩니다. 잘 듣게 되면 지혜와 지식을 얻게 됩니다. 그런데 이 지혜와 지식의 근본이 되시는 분이 있습니다. 바로 예수님이십니다. 그래서 우리는 거듭 예수님께로 나아가 그분의 삶을 닮아 가야 합니다. 그분의 음성을 들어야 합니다.

"그 안에는 지혜와 지식의 모든 보화가 감추어져 있느니라"골 2:3.

예수님의 영성은 들음의 영성입니다

우리는 항상 예수님을 생각해야 합니다. 예수님은 하나님의 아들이십니다. 예수님은 그리스도이십니다. 예수님은 우리의 구주, 우리의 왕이십니다. 또한 우리의 반석과 피난처가 되십니다. 예수님은 하나님이시며 우리의 모범이 되십니다.

예수님은 하나님 아버지의 음성을 듣는 일에 우선순위를 두셨습니다. 예수님은 언제나 하나님의 음성을 듣고 말씀하셨습니다. 하나님의 음성을 듣고 행하셨습니다. 하나님의 말씀에 순종하셨습니다. 그 이유는 하나님을 향한 사랑 때문입니다. 폴 틸리히는 "사랑의 첫째 의무는 듣는 것이다"라고 말했습니다. 사랑하면 귀 기울여 듣게 됩니다. 그리고 들음은 순종에 이르게 합니다. 순종의 뿌리는 사랑에 있는 것입니다.

우리는 사랑하는 것만큼 순종하게 됩니다. 순종은 곧 하나님의 말씀에 대한 사랑의 반응입니다. 우리의 사랑이 깊어질 때, 우리의 순종도 깊어집니다. 하나님은 우리가 하나님의 음성에 귀 기울이기를 원하십니다. 하나님의 사랑을 들려 주기를 원하시기 때문입니다. 우리는 하나님의 사랑의 음성을 들을 때 행복해집니다. 담대해집니다. 내적 확신 속에서 흔들리지 않고 살아가게 됩니다. 예수님이 광야에서 마귀의 유혹을 이기신 것도, 십자가의 사명을 완수하신 것도 바로 하나님 아버지의 사랑의 음성을 들으셨기 때문입니다.

예수님은 공생애를 시작하실 때 먼저 세례를 받으셨습니다. 세례를 받으시고 물에서 올라오실 때 새 하늘이 열리고 성령님께서 비둘기같이 예수님께 임했습니다. 그리고 하늘로부터 하나님의 음성이 임했습니다.

> "하늘로부터 소리가 있어 말씀하시되 이는 내 사랑하는 아들이요 내 기뻐하는 자라 하시니라" 마 3:17.

예수님은 왜 이 음성을 들으셔야 했을까요? 이 음성은 예수님이 누구신가를 보여 주는 음성입니다. 또한 예수님이 누구의 사랑을 받고 계신지를 증명해 주는 음성입니다. 하나님 아버지께서 아들이신 예수님께 이 음성을 들려 주신 이유는, 사탄이 곧 예수님을 말로 유혹할 것을 아셨기 때문입니다. 사탄이 예수님을 유혹할 때마다 집요하게 물고 늘어지는 것이 있습니다. 그것은 예수님의 정체성입니다. 사탄이 예수님을 유혹하는 말을 들어 보십시오.

"시험하는 자가 예수께 나아와서 이르되 네가 만일 하나님의 아들이어든 명하여 이 돌들로 떡덩이가 되게 하라"마 4:3.

"이르되 네가 만일 하나님의 아들이어든 뛰어내리라 기록되었으되 그가 너를 위하여 그의 사자들을 명하시리니 그들이 손으로 너를 받들어 발이 돌에 부딪치지 않게 하리로다 하였느니라"마 4:6.

사탄은 예수님에게 하나님의 아들임을 증명해 보이라고 유혹합니다. 돌로 떡을 만들고 성전 꼭대기에서 뛰어 내림으로 그것을 증명해 보라고 자극합니다. 훗날 예수님이 십자가를 지시기 전에도 하나님은 다시 한 번 이 음성을 들려 주십니다.

"말할 때에 홀연히 빛난 구름이 그들을 덮으며 구름 속에서 소리가 나서 이르시되 이는 내 사랑하는 아들이요 내 기뻐하는 자니 너희는 그의 말을 들으라 하시는지라"마 17:5.

하나님은 왜 이 음성을 다시 들려 주셨을까요? 예수님이 십자가를 지실 때 세상 사람들의 말, 제사장과 군인들, 그리고 빌라도의 말을 들어야 하기 때문입니다. 그들도 한결같이 예수님에게 하나님의 아들임을 증명해 보이라고 요구했습니다. 십자가에서 내려와 유대인의 왕이요, 구세주임을 증명해 보이라는 것입니다. 능력을 발휘해 보라는 것입니다. 그런데 예수님은 그 모든 것을 거절하시고 십자가에서 하나님의 뜻을 다 이루셨습니다.

우리가 하나님의 말씀을 묵상할 때 들어야 할 음성도 같은 음성입니다. 하나님은 예수님처럼 우리에게도 동일한 음성을 들려 주길 원하십니다. 우리에게 가장 중요한 것은 하나님이 누구이신지를 아는 것입니다. 하나님이 우리를 얼마나 사랑하시는지, 또한 우리가 누구인지도 바로 알아야 합니다. 하나님은 우리 아버지시며, 우리는 그분의 사랑받는 자녀입니다. 하나님이 기뻐하시는 아들이요, 딸입니다. 우리는 그것을 누구에게도 증명할 필요가 없습니다. 그런데 세상은 그 사실을 증명해 보이라고 요구합니다. 그러면 사랑해 주겠다고 말합니다.

우리는 세상이 요구하는 외모, 학력, 권력, 재력, 환경과 상관없이 하나님의 사랑받는 자녀입니다. 이 확신을 가질 때 우리는 세상의 목소리에 휘둘리지 않게 됩니다. 불완전한 사람들의 사랑에 매달리지 않게 됩니다. 이 사실을 헨리 나우웬은 강조합니다.

> 영적으로 귀가 먹어 자신을 사랑하는 자라고 부르시는 음성을 듣지 못하면, 그때부터 우리는 사랑받는 자가 되려고 엉뚱한 데를 기웃거린다. 그리고 그때부터 문제에 빠진다. 사랑과 인정과 칭찬을 얻지도 못할 곳에서 얻으려 하기 때문이다. 그래서 우리는 술, 마약, 관계, 성공, 남들의 평가, 통제 욕구 등 아무것에나 정신이 팔린다.
> 이 세상을 진정 자유롭게 살려면 자신의 정체성에 관한 진리를 명확히 들어야 한다. 물론 우리의 정체성은 사랑받는 자다. 그 진리를 듣는 일이 바로 기도다. 기도가 어쩌다 한 번씩 하는 좋은 일이 아니라 절체절명인 까닭도 거기에 있다.
> 기도란 본질적인 마음가짐이며, 다른 사람들을 사랑할 수 있는 자유가 그 마음가짐에서 비롯된다. 우리가 타인을 사랑하는 이유는 그들에게 도로 사랑을 받을 것이어서가 아니라 내가 받은 사랑이 너무 커서 그 풍성한 사랑으로 나도 베풀고 싶기 때문이다 『삶의 영성』, 52쪽.

우리가 홀로 말씀을 읽거나 예배 시간에 말씀을 들을 때마다 침묵하며 집중해야 하는 이유는 무엇일까요? 바로 하나님이 우리를 사랑하신다는 음성을 듣기 위해서입니다. 어떤 상황에서도 하나님이 우리를 변함없이 사랑하신다는 음성을 듣고, 그 사랑으로 충만하고 넉넉해질 때, 우리는 진정으로 누군가를 사랑할 수 있게 됩니다.

> 조용히 듣는 기도를 통해 우리는 이렇게 말씀하시는 음성을 분별하는 법을 배운다. "다른 사람이 너를 좋아하든 말든 나는 너를 사랑한다. 너는 내 것이다. 내가 네 안에 사는 것처럼 너도 내 안에 살아라"
> 「춤추시는 하나님」, 두란노, 57쪽.

하나님의 사랑으로 충만해질 때, 우리는 사람들에게 지나친 기대를 갖지 않게 됩니다. 우리가 사나워지는 이유는 사람들이 우리가 원하는 것을 우리의 방식대로 우리가 원하는 때에 주지 않기 때문입니다. 하나님만이 하실 수 있는 것을 사람에게 요구하는 것은 어리석습니다. 하나님께 걸어야 할 기대를 사람에게 기대하는 것은 어리석은 일입니다. 그로 인해 가정 공동체가 어려워집니다. 교회 공동체가 어려워집니다. 헨리 나우웬의 말을 다시 한번 들어 보십시오.

> 우리가 폭력적이 되는 주된 이유는 상대가 줄 수 있는 것보다 더 많은 것을 기대하기 때문이다. 하나님이 주시는 해답을 사람에게서 찾는다면 사람을 신으로 만들고 자신은 마귀가 된다. 우리의 손이 이제는 쓰다듬지 않고 움켜쥔다. 우리의 입술이 이제는 입맞춤이나 친절한 말을 하지 않고 물어뜯는다. 우리의 눈이 이제는 기대하며 바라보

지 않고 의심하며 바라본다. 우리의 귀는 듣는 것이 아니라 엿듣는다. 개인이든 단체든 결국 내 두려움과 불안을 인간이 해결해 주리라고 생각할 때마다 우리는 깊은 좌절에 빠져 온유함을 잃고 폭력적이 되게 마련이다「춤추시는 하나님」, 122-123쪽.

건강하고 성숙한 공동체를 세우기 위해서 우리는 하나님 앞에서 홀로 있는 시간을 가져야 합니다. 홀로 있는 시간을 통해 하나님의 사랑으로 채워져야 합니다. 그렇지 않으면 마귀와 세상이 요구하는 것들을 우리가 만나는 사람들에게 요구하게 됩니다. 마귀와 세상이 추구하는 외모의 조건을 요구하게 됩니다. 세상이 정해 놓은 성공의 기준에 끝까지 완벽하게 다다를 수 있는 사람은 없습니다. 아무리 성공한다 한들 자신보다 더 성공한 사람을 만나게 됩니다. 아무리 성형한다 한들 자신보다 더 뛰어난 외모를 가진 사람을 만나게 됩니다. 결코 속아서는 안 됩니다. 진정한 자족은 우리 내면에서 나옵니다. 진정한 아름다움은 우리 존재 자체에 있습니다. 우리는 모두 하나님의 사랑받는 자녀입니다. 우리가 서로 하나님의 사랑받는 자녀라는 사실을 인정할 때, 우리 안에 예수님이 거하신다는 사실을 알 때, 우리는 진정한 공동체를 세워 나갈 수 있습니다. 더 이상 세상의 기대, 세상의 기준을 서로에게 요구하지 않게 됩니다. 그때, 비로소 우리는 서로의 안에 거하시는 주님을 바라보며 기뻐할 수 있습니다.

공동체는 자신이 사랑받는 사람임을 깨닫기 시작한 사람이, 다른 사람을 사랑받는 사람으로 볼 때 생겨난다. 내 안에 살아 계신 하나님이 그 사람 안에 거하시는 하나님과 인사하는 것이다. 사람들에게 내 모든 해답이 되어 달라고 요구하지 않을 때, 비로소 상대가 내게 주는 선물을 받아들일 수 있다. 인간은 하나님의 위대한 사랑을 부분적으로 반영할 뿐이다. 그렇지만 엄연히 반영은 반영이다. 상대에게 모든 것을 바라고 신이 되어 주기를 바라는 자세를 버릴 때, 비로소 우리는 상대가 주는 선물을 정확히 볼 수 있다. 무한한 사랑의 유한한 표현으로 인간을 바라보는 것이다 「춤추시는 하나님」, 123쪽.

하나님의 사랑받는 자녀라는 고요한 확신이 우리에게 필요합니다. 이 확신이 있으면 잠잠하고 고요한 삶을 살 수 있습니다. 어떤 상황에도 요동하지 않고 살게 됩니다. 우리는 하나님의 자녀입니다. 그런 까닭에 하나님이 우리를 부르시면 언제 어느 때라도 아버지의 집, 천국으로 가게 됩니다. 우리가 하나님 아버지의 집인 천국에 들어갈 수 있는 오직 한 가지 이유는 우리가 하나님의 자녀이기 때문입니다. 자녀가 아버지의 집에 가는 것은 당연한 일입니다. 아버지의 기업을 유업으로 받는 것은 당연한 일입니다. 우리의 행위나, 우리의 의로움이 아닌 오직 하나님 아버지의 자녀라는 정체성 때문에 가능한 일입니다.

예수님은 우리를 쉼 가운데로 초청하십니다

우리가 살고 있는 세상은 전쟁터와 같습니다. 위기와 긴장과 갈등이 늘 있습니다. 인생의 무거운 짐에 눌려 지냅니다. 그래서 우리에게는 쉼이 필요합니다. 우리가 쉴 수 있는 곳은 오직 예수님의 품입니다. 하나님 아버지의 품입니다. 예수님은 오늘 우리들을 안식의 세계로 초대합니다.

"수고하고 무거운 짐 진 자들아 다 내게로 오라 내가 너희를 쉬게 하리라 나는 마음이 온유하고 겸손하니 나의 멍에를 메고 내게 배우라 그리하면 너희 마음이 쉼을 얻으리니"마 11:28-29.

우리는 예수님의 품에 안길 때 안식할 수 있습니다. 우리가 안식할 수 있는 것은 예수님의 사랑 때문입니다. 예수님의 용서 때문입니다. 무한한 능력을 공급해 주시고 지혜의 길로 인도해 주시는 예수님으로 인해 우리는 쉼을 얻는 것입니다.

그래서 우리는 날마다 하나님 앞에 홀로 머무는 시간을 가져야 합니다. 말씀 앞에서 하나님의 음성을 들어야 합니다. 하나님이 우리에게 하신 말씀과 인도하심이 최상의 길임을 믿어야 합니다. 하나님은 하루아침에 일확천금을 얻거나, 권력을 쟁취하는 길로 우리를 인도하시지 않습니다. 안식의 길, 평강의 길, 참된 기쁨의 길, 의미 있는 길로 인도하십니다. 하나님은 예수님을 십자가의 길로 인도하셨습니다. 그 길은 힘든 길이었습니다. 그렇지만 그 길은 부활에 이르는 길이요, 사명을 완수하는 길이요, 인류에게 소망을 주는 길이요, 생명을 주되 풍성하게 주는 길이었습니다. 참된 기쁨의 길이었습니다.

하나님은 벼랑 끝에 서 있는 우리를 찾아 오셔서 도움의 손길을 내미십니다. 고통 중에 찾아 오셔서 위로해 주십니다. 고통스러운 문제를 풀어 주십니다. 달라스의 윌라드가 쓴 「하나님의 음성」에 나오는 이야기가 감동을 줍니다.

로버트 맥팔레인Robert C. McFarlane은 로스앤젤레스 지역의 유명한 사업가였다 … 그 봄날에도 끊임없는 실패의 위험, 불철주야의 노고, 연이은 좌절의 순간, 재정 위기의 원인에 대한 응어리진 기억 등이 걷잡을 수 없이 그를 덮어 왔다. 또 하루의 헛수고와 실패가 사무실로 향하는 로버트를 기다리고 있었지만 회사의 파산을 막기 위해서는 어떻게든 발등의 불을 꺼야만 하는 상황이었다.

갑자기 그는 시내를 벗어나 왼쪽으로 방향을 돌려 영영 어디론가 사라져 버리고 싶은 강렬한 충동에 사로잡혔다. 그 후로 자신이 방향을 돌리게 될 것 같은 생각이 줄곧 들었다. 물론 방향을 돌려 얼마나 갈지는 아무도 모르는 일이었다. 그렇게 머릿속이 어지러운 중에 그에게 명령이 들려 왔다. "차를 길가에 세워라."

그 말이 마치 차창에 쓰여 있는 것 같았다고 한다. 차를 옆에 세우자 마치 차 안에 있는 사람이 하는 말처럼 그에게 이런 말이 들려왔다. "내 아들예수은 네가 평생 알지 못할 긴장 속에서 살았다. 그런 긴장이 찾아왔을 때 그는 나를 찾았다. 너도 똑같이 하면 된다."

그 말을 들은 후 그는 오래오래 운전대에 앉아 큰소리로 흐느껴 울었다. 그러고는 다시 차를 몰아 자신의 롱비치 사무실로 갔다. 미결된 굵직한 문제 22가지가 그를 기다리고 있었으나 가장 중대한 문제들은 사실상 그날 안으로 해결되었다. 사내 의견 불일치가 해소되는가 하면, 고객들이 보험 회사를 바꾸지 않겠다고 결정하고 거액의 연체 보험료를 납부하는 일도 벌어졌다『하나님의 음성』, IVP, 28-29쪽.

하나님의 음성을 듣기 위해 홀로 있는 시간을 가지십시오. 침묵하는 시간을 가지십시오. 듣는 기도가 중요합니다. 하나님의 음성을 들을 때 순종하는 마음으로 들으십시오. 하나님의 지혜를 얻기 위해 들으십시오. 하나님의 인도를 받기 위해 들으십시오. 하나님 앞에 홀로 있는 시간은 결코 낭비가 아닙니다. 하나님의 품에서 안식하는 시간이 때로는 하나님을 위해 무엇인가를 하는 것보다 더 중요합니다.

"때로는 하나님을 위해 무언가 '하는 것'보다 '하지 않는 것'이 훨씬 중요하다"_유진 피터슨

유진 피터슨이 그가 쓴 책들에서 '안식'을 강조할 때마다 반복해서 언급하는 이야기가 있습니다. 허먼 멜빌의 「백경」에 나오는 한 선원의 이야기입니다. 흰 고래 모비딕이 등장했을 때, 포경선의 모든 선원은 긴장하면서 분주하게 움직였는데 오직 한 사람만이 아무 일도 하지 않은 채 있었습니다. 그는 노를 잡지도 않았고, 땀을 흘리지도 않았으며, 소리를 지르지도 않았습니다. 그는 작살을 맡고 있던 선원이었습니다. 그는 고요하고 침착하게 기다렸습니다. 가장 적합한 때에 정확하게 고래에게 작살을 날리기 위해서였습니다. 유진 피터슨은 멜빌의 문장을 인용하며 이렇게 말했습니다. "작살을 가장 정확하게 날리기 위해, 작살을 맡은 선원은 숨가쁜 일이 아닌 게으름으로부터 발걸음을 내딛기 시작해야 했다"「묵상하는 목회자」, 좋은 씨앗, 45-46쪽.

작살을 맡고 있던 선원이 아무것도 하지 않은 것은 결코 게을러서가 아닙니다. 나태가 아니었습니다. 그것은 전략이었습니다. 성스러운 기다림이었습니다. 가장 정확한 때에 작살을 던져 고래를 잡으려는 전략이었습니다. 우리가 하나님의 음성을 듣기 위해 잠잠히 하나님 앞에 머무는 것 역시 게으름이 아닌 거룩한 전략입니다. 하나님 앞에 잠잠히 머무를 때, 우리는 가장 적절한 시간에 사

명을 완수할 수 있는 지혜를 얻게 됩니다.

큰 전쟁에 직면한 여호사밧 왕은 홀로 하나님 앞으로 나아갔습니다. 그리고 기도했습니다. 서둘러 전쟁터에 나아가지 않고 조용히 하나님 앞에 머물렀습니다. 아무것도 하지 않고 주님을 바라보았습니다.

> "우리 하나님이여 그들을 징벌하지 아니하시나이까 우리를 치러 오는 이 큰 무리를 우리가 대적할 능력이 없고 어떻게 할 줄도 알지 못하옵고 오직 주만 바라보나이다 하고" 대하 20:12.

여호사밧 왕이 잠잠히 하나님을 본 그때, 그는 하나님의 음성을 듣고 하나님의 인도를 받았습니다. 그는 하나님이 인도하시는 대로 전쟁터에 나아가서 노래하는 자들을 택하여 하나님을 찬송했습니다. 그때 하나님은 전략을 가르쳐 주셨습니다. 복병을 두어 적군을 치게 하신 것입니다. 그렇게 그들이 서로 싸우는 가운데 여호사밧 왕은 큰 승리를 거둘 수 있었습니다.

아무리 급해도 서두르지 마십시오. 하나님보다 앞서지 마십시오. 기도보다 앞서지 마십시오. 하나님 앞에 홀로 머물러 침묵하며 하나님의 음성을 들으십시오. 그리고 하나님이 주시는 지혜와 전략으로 세상을 향해 나아가십시오. 무엇보다 하나님이 우리에게 들려주시는 "너는 나의 사랑하는 아들이요, 나의 사랑하는 딸이요,

내 기뻐하는 자다"라는 음성을 들으십시오. 그리고 사랑받는 자녀로서의 분명한 정체성을 가지고 하나님의 음성을 따라 사십시오.

• 말씀 묵상과 즐거워함의 영성 •

하나님의 아름다움을 즐거워하십시오

"오직 여호와의 율법을 즐거워하여 그의 율법을 주야로 묵상하는도다 그는 시냇가에 심은 나무가 철을 따라 열매를 맺으며 그 잎사귀가 마르지 아니함 같으니 그가 하는 일이 다 형통하리로다"시 1:2-3.

말씀을 묵상하는 사람은 복 있는 사람입니다

복 있는 사람은 말씀을 즐거워하며, 그 율법을 묵상하는 사람입니다. 성경에서 욥기, 시편, 잠언, 전도서, 아가서를 지혜서라고 말합니다. 구약의 지혜서 중 하나인 시편에서 시편 1편은 전체 150편의 시편으로 들어가는 문의 역할을 하는 서론과 같습니다. 저는 책을 읽을 때 서문을 주의 깊게 읽습니다. 서문 속에 저자가 전개하려는 이야기의 핵심이 담겨 있기 때문입니다. 그러므로 우리는 시편 1편을 주의 깊게 살펴볼 필요가 있습니다.

시편 1편은 '복 있는 사람'으로 시작됩니다. 성경이 말하는 복 있는 사람은 어떤 사람일까요? 복 있는 사람과 보통 사람의 차이

점은 무엇일까요? 세상에서 말하는 복 있는 사람과 성경에서 말하는 복 있는 사람의 차이는 무엇일까요? 시편 1편 1절은 먼저 복 있는 사람이 하지 않는 것을 말합니다.

> "복 있는 사람은 악인들의 꾀를 따르지 아니하며 죄인들의 길에 서지 아니하며 오만한 자들의 자리에 앉지 아니하고"시 1:1.

복 있는 사람은 분별할 줄 아는 사람입니다. 가지 않아야 할 곳, 앉지 않아야 할 자리를 분별할 줄 아는 사람입니다. 악인, 죄인, 오만한 자를 조심할 줄 아는 사람입니다.

시편 1편 1절에 이어 2절은 복 있는 사람이 즐거워하는 것, 즐기는 것을 말합니다.

> "오직 여호와의 율법을 즐거워하여 그의 율법을 주야로 묵상하는도다"시 1:2.

복 있는 사람은 오직 여호와의 율법을 즐거워합니다. 이것이 악인과 죄인과 오만한 자와의 차이점입니다. 악인과 죄인과 오만한 자는 죄악을 행함으로 즐거움을 누립니다. 반면에 복 있는 사람은 하나님의 말씀을 즐거워합니다. 시편 1편을 통해 말씀 묵상의 소중한 원리를 배워 봅시다.

우리가 즐기는 것이
우리가 어떤 사람인지를 말해줍니다

조심스러운 이야기입니다만 물건마다 품질이 다른 것처럼 사람마다 품성과 품격이 다릅니다. 어떤 상품을 써 본 뒤에 마음에 들면 "참 좋은 상품이야"라고 말하는 것처럼 어떤 사람을 만난 뒤 그 사람이 좋으면 "참 좋은 사람이야", "참 훌륭한 사람이야"라고 말할 때가 있습니다. 물론 반대의 경우도 있습니다. 누군가에 대해 함부로 평가해서는 안 되지만, 사람들을 만난 후에 조금씩 다른 느낌을 갖게 되는 것은 사실입니다.

그러나 상품의 품질이 바뀌듯이, 사람의 품성과 품격도 개선되고 변화될 수 있습니다. 사람이 어떻게 바뀔 수 있을까요? 변화는 만남으로 가능해집니다. 하나님과 만나고, 하나님의 말씀과 접촉하게 되면 놀라운 변화가 일어나는 것입니다.

사람이 변화되면 그 사람이 즐거워하는 것이 바뀝니다. 그 사람이 어떤 사람인지, 어떤 영성을 소유했는지는 그가 무엇을 즐거워하는지를 보면 알 수 있습니다. 수많은 사람들이 세상의 쾌락에 탐닉합니다. 성경은 죄악에도 낙이 있음을 분명하게 가르쳐 줍니다. 그러나 모세의 믿음은 죄악의 낙을 좇지 아니하는 믿음이었습니다. 그는 하나님의 백성과 함께 고난받기를 죄악의 낙보다 더 좋아한 믿음의 사람이었습니다.

> "도리어 하나님의 백성과 함께 고난받기를 잠시 죄악의 낙을 누리는 것보다 더 좋아하고"히 11:25.

죄악의 낙은 잠시뿐입니다. 그래서 그 낙은 공허하고 비극적으로 끝나게 됩니다. 복 있는 사람은 죄악의 낙이 아닌 말씀을 묵상하는 거룩한 낙을 추구하는 사람입니다. 즐거워한다는 것은 좋아한다는 것입니다. 즐거워한다는 것은 즐긴다는 것입니다. 죄를 짓는 것 말고, 정말 선하고, 거룩하고, 보람 있고, 의미 있고, 유익한 것들을 즐기는 것은 쉬운 일이 아닙니다.

하나님께서는 죄악을 싫어하시지 우리가 즐기는 것 자체를 싫어하지 않으십니다. 하나님은 우리가 행복하기 원하십니다. 하나님이 우리에게 말씀을 주신 이유는 우리에게 복을 주시기 위해서입니다.

> "오늘 내가 네게 명령하는 여호와의 규례와 명령을 지키라 너와 네 후손이 복을 받아 네 하나님 여호와께서 네게 주시는 땅에서 한없이 오래 살리라"신 4:40.

또한 우리에게 즐거움과 행복을 주시기 위해 말씀을 주셨습니다.

> "이스라엘아 네 하나님 여호와께서 네게 요구하시는 것이 무엇

이냐 곧 네 하나님 여호와를 경외하여 그의 모든 도를 행하고 그를 사랑하며 마음을 다하고 뜻을 다하여 네 하나님 여호와를 섬기고 내가 오늘 네 행복을 위하여 네게 명하는 여호와의 명령과 규례를 지킬 것이 아니냐"신 10:12-13.

하나님의 말씀을 묵상할 때, 우리는 복 있는 사람이 됩니다. 복 있는 사람은 곧 행복한 사람입니다. 복 있는 사람은 하나님의 복을 받아 누리고 나눌 줄 아는 사람입니다. 그는 모든 일에 형통한 사람입니다. 성경은 말씀을 묵상하는 사람을 시냇가에 심은 나무에 비유했습니다.

"그는 시냇가에 심은 나무가 철을 따라 열매를 맺으며 그 잎사귀가 마르지 아니함 같으니 그가 하는 모든 일이 다 형통하리로다" 시 1:3.

얼마나 놀라운 축복입니까? 시냇가의 나무를 상상해 보십시오. 이 나무는 시냇가에 심긴 까닭에 계속 물을 공급받을 수 있습니다. 성경에서 시냇가는 생명의 원천이신 하나님을 의미합니다. 말씀을 묵상하는 사람은 시냇가의 나무처럼 하나님의 생명을 지속적으로 공급받습니다. 그런 까닭에 철을 따라 열매를 맺으며 모든 일이 형통하게 됩니다.

여기서 '형통'의 의미를 잘 이해해야 합니다. 모든 일이 형통하다는 것은 어려운 일이 전혀 없는 것을 의미하지 않습니다. 시냇가에 심은 나무에게도 더위가 찾아옵니다. 시냇가에 심은 나무에게도 가뭄의 때가 있습니다. 그래도 시냇가에 심긴 까닭에 형통할 수 있습니다.

"그는 물가에 심어진 나무가 그 뿌리를 강변에 뻗치고 더위가 올지라도 두려워하지 아니하며 그 잎이 청청하며 가무는 해에도 걱정이 없고 결실이 그치지 아니함 같으리라"렘 17:8.

말씀을 묵상하는 사람이 모든 일에 형통하다는 것은 오히려 어려울 때 더욱 잘 되는 것을 의미합니다. 어려움을 통해 더욱 잘 되는 것을 의미합니다. 말씀을 묵상하는 사람에게는 고난도 유익이 된다는 것입니다. 인생의 문제는 공급의 문제입니다. 공급이 단절되면 인생은 힘들어집니다. 그런데 하나님의 말씀을 묵상하게 되면 하나님과 연결되어 지속적으로 공급받을 수 있습니다. 어려움에 직면할 때, 묵상을 통해 그 문제를 해결할 수 있는 지혜를 공급받게 됩니다. 고난의 때에는 묵상을 통해 고난의 의미를 깨닫고 잘 견디게 됩니다. 말씀 묵상을 통해 형통하는 은혜를 누리게 되는 것입니다.

말씀의 맛을 경험할 때 말씀이 즐거워집니다

복 있는 사람은 말씀을 즐거워합니다. 말씀을 즐거워하는 까닭은 말씀을 맛보았기 때문입니다. 그래서 말씀을 맛본 사람은 주야로 말씀을 묵상합니다. 우리에게는 즐거워하는 것이 있고, 지겨워하는 것이 있습니다. 좋아하는 것이 있고, 싫어하는 것이 있습니다. 우리는 무언가를 늘 생각하고 삽니다. 다시 말해 무언가를 늘 묵상하며 삽니다. 중요한 것은 우리가 무엇을 생각하고, 묵상하느냐에 따라 삶이 달라진다는 것입니다. 늘 부정적이고, 염려하고, 두려워하고, 악한 생각을 한다면 우리는 행복할 수 없습니다. 반면에 환경이 어떠하든지 늘 긍정적이고, 평화롭고, 정결한 생각을 한다면, 그리고 모든 것이 주님 안에서 가능하다는 생각을 한다면 우리는 날마다 행복을 경험할 것입니다.

대부분의 사람들은 성경을 어렵다고 생각합니다. 심지어 수면제로 여기는 사람도 있습니다. 성경을 읽으면 졸음이 온다는 것입니다. 물론 하나님이 사랑하시는 사람에게 잠을 주시는 것은 맞지만, 성경을 읽을 때 졸음을 주시지는 않을 것입니다. 교회는 다니지만 한 주가 지나도록 성경을 펴지 않는 사람도 있습니다. 반면에 어떤 사람은 말씀을 너무 사랑합니다. 좋아합니다. 말씀 묵상을 즐깁니다. 다윗은 말씀의 맛을 경험한 후, 하나님의 말씀이 송이꿀보다 더 달다고 표현했습니다.

"여호와를 경외하는 도는 정결하여 영원까지 이르고 여호와의 법도 진실하여 다 의로우니 금 곧 많은 순금보다 더 사모할 것이며 꿀과 송이꿀보다 더 달도다"시 19:9-10.

다윗은 말씀의 가치를 알았습니다. 그래서 하나님의 말씀은 정결하고, 영원하고, 진실하고, 의롭다고 말합니다. 많은 순금보다 더 가치가 있다고 말합니다. 송이꿀보다 더 달다고 고백합니다. 시편 119편의 기자도 말씀의 맛이 아주 달다고 고백합니다.

"주의 말씀의 맛이 내게 어찌 그리 단지요 내 입에 꿀보다 더 다니이다"시 119:103.

예수님을 믿는 사람은 누구나 성경의 가치를 압니다. 비록 성경을 잘 읽지 않는 사람일지라도 성경이 하나님의 말씀인 것을 압니다. 성경을 읽고 배우고 싶은 마음이 있기에 성경을 늘 가까이하면서 읽고, 암송하고, 묵상하고, 연구하고, 실천하는 사람을 보면 부러워합니다. 존경합니다. 그런데 정작 자신은 성경을 가까이 하지 못한 채 살아갑니다. 성경을 깊이 공부하고자 하는 열망은 좋은 열망입니다. 그렇지만 열망만 가지고는 안 됩니다. 말씀을 읽고 묵상하기를 선택하고 결단해야 합니다. 말씀 묵상은 우리의 열망이 아닌 의지적인 선택과 결단으로 가능해집니다. 또한 제대로 말씀 묵상을 하는 법을 배워야 합니다. 말씀의 맛을 경험하기 위해서는 작은 분량부터 시작해서 점점 그 범위를 확장해 나가야 합니다.

한 번 경험한 맛은 우리의 기억속에 새겨집니다. 그래서 맛을 본다는 것 자체가 아주 중요한 의미를 지닙니다.

맛은 우리의 감각과 밀접한 관계가 있습니다. 맛은 우리 혀에 있는 미세 세포 집단 '미뢰'가 용액 상태로 존재하는 물질을 감지할 때 느낄 수 있습니다. 지금까지 알려진 바로는 인간은 단맛, 신맛, 쓴맛, 짠맛, 이 네 가지 맛을 감지할 수 있고, 매운 맛이나 떫은 맛은 통각에서 느끼는 감각 작용입니다. 우리가 좋아하는 맛은 단맛입니다. 그러나 깊은 맛을 좋아하는 사람들은 단순히 단맛만 좋아하지 않습니다. 신맛, 쓴맛, 짠맛도 아울러 좋아합니다. 사람들이 씀바귀를 좋아하는 까닭은 씀바귀를 먹을 때 맛볼 수 있는 묘한 쓴맛 때문입니다. 입맛이 없을 때, 종종 매운 음식을 찾는 것도 매운 맛이 우리의 입맛을 돋울 수 있기 때문입니다.

음식의 맛을 즐기는 사람은 음식을 오래 씹어 먹습니다. 오래 씹으면서 음식 속에 담긴 갖가지 맛을 음미합니다. 또한 음식의 맛을 즐길 줄 아는 사람은 상상력을 동원해 한 톨의 쌀과 한 마리의 생선이 밥상에 올라오기까지의 과정을 상상합니다. 음식을 준비한 분의 사랑을 생각합니다. 그때 우리는 음식을 먹는 것이 아니라 농부와 어부의 정성과 음식을 준비한 이의 사랑을 먹게 됩니다. 음식을 제공해 주신 하나님의 은혜를 먹게 됩니다. 같은 음식이라도 어떤 마음으로 먹느냐에 따라 맛의 차원이 달라지는 것입니다. 그래서 무엇을 먹느냐도 중요하지만 어떻게 먹느냐도 아주 중요한 것입니다.

말씀 묵상도 이처럼 말씀을 음미하는 것입니다. 급히 음식을 먹으면 그 맛을 음미할 수 없는 것처럼, 말씀을 급히 먹고 묵상하는 시간을 갖지 않는다면 말씀의 맛을 음미할 수 없습니다. 천천히 말씀을 묵상할 때, 그 속에 담긴 맛을 경험할 수 있는 것입니다. 우리는 달콤한 맛이 나는 말씀을 좋아합니다. 축복의 말씀이기 때문입니다. 그러나 말씀 가운데 쓴맛이 나는 경우도 있습니다. 그 말씀은 우리의 양심을 찌릅니다. 회개와 변화를 촉구합니다. 그래서 쓴맛의 말씀을 싫어하는 사람은 영혼이 건강할 수 없습니다. 말씀의 모든 맛을 즐길 줄 알 때, 우리의 영혼은 건강해집니다.

말씀의 맛 가운데 가장 사모해야 할 것은 담백한 맛입니다. 음식을 먹을 때, 너무 맛있는 음식은 경계해야 합니다. 왜냐하면 조미료를 많이 넣은 음식일 확률이 높기 때문입니다. 우리 몸은 우리가 먹는 음식에 따라 결정됩니다. 화려하고 너무 진한 맛을 내는 음식은 우리 몸을 상하게 할 수 있습니다. 반면에 소박하고 담백한 맛을 내는 음식은 몸에 유익합니다. 말씀도 마찬가지입니다. 우리 영혼을 건강하게 만드는 말씀은 담백한 맛을 내는 말씀입니다. 그 담백함을 즐길 줄 아는 영혼은 복된 영혼입니다.

예수님은 생명의 떡이십니다. 우리말로 하면 예수님은 밥이십니다. 밥은 화려하지 않습니다. 밥은 담백합니다. 입에 넣고 오래 씹을수록 맛이 납니다. 날마다 먹어도 질리지 않습니다. 말씀 묵상이 깊어지면 밥맛과 같은 담백한 맛을 즐기게 됩니다. 담백한 맛을 꿀맛처럼 여기게 됩니다.

저는 말씀 묵상을 통해 놀라운 즐거움을 경험했습니다. 그 중 세 가지를 말씀드리겠습니다.

첫째, 말씀 묵상을 통해 배움의 즐거움을 맛보았습니다

우리에게는 성장 본능이 있습니다. 우리는 배움을 통해 성장을 경험합니다. 그래서 무언가를 배울 때 즐겁습니다. 배운다는 것은 이전에 몰랐던 것을 알게 되는 것입니다. 이전에 막연히 알았던 것을 체계적이고도 구체적으로 알게 되는 것입니다. 그때 우리는 놀라운 기쁨을 경험하게 됩니다. 성경을 읽고 묵상할 때도 말씀을 통해 놀라운 지식과 접하게 됩니다. 하나님의 원리와 법칙을 통해 인생의 이치를 깨닫게 됩니다. 세상이 줄 수 없는 지혜를 얻게 됩니다.

또한 지식과 지혜뿐 아니라 기술도 배우게 됩니다. 대화의 기술, 관계의 기술 등을 익히게 됩니다. 말씀 묵상은 바로 배움의 원리입니다. 배움의 전략입니다. 배움의 예술입니다.

둘째, 말씀 묵상을 통해 깨달음의 즐거움을 맛보았습니다

예수님은 깨달음을 강조하셨습니다. 아무리 말씀을 읽고, 듣고, 배워도 깨닫지 못하면 열매를 맺지 못합니다. 반면에 깨닫게 되면 놀라운 열매를 맺게 됩니다.

> "좋은 땅에 뿌려졌다는 것은 말씀을 듣고 깨닫는 자니 결실하여 어떤 것은 백 배, 어떤 것은 육십 배, 어떤 것은 삼십 배가 되느니라 하시더라"마 13:23.

인간이 경험할 수 있는 많은 즐거움 가운데 깨달음은 최상의 즐거움을 선사합니다. 가장 성스러운 쾌락입니다. 어떤 상황에서도 깨달음이 임하게 되면 모든 것이 순식간에 달라집니다. 환경과 상황이 아닌 관점이 변하기 때문입니다. 시편 119편은 고난 중에서 승리할 수 있는 비결을 '말씀의 즐거움'이라고 강조합니다.

> "주의 긍휼히 여기심이 내게 임하사 내가 살게 하소서 주의 법은 나의 즐거움이니이다"시 119:77.
>
> "주의 법이 나의 즐거움이 되지 아니하였더면 내가 내 고난 중에 멸망하였으리이다"시 119:92.
>
> "환난과 우환이 내게 미쳤으나 주의 계명은 나의 즐거움이니이다"시 119:143.

말씀을 깊이 묵상하게 되면 우리가 겪고 있는 고난의 의미를 깨닫게 됩니다. 고난이 주는 유익을 깨닫게 됩니다. 고난의 결과를 미리 보게 됩니다. 고난을 통해 인생을 역전시켜 주시는 하나님의 손길을 발견하게 됩니다. 특별히 성경에 나오는 인물들의 생애를 묵상하고, 그들의 고난을 통해 역사하시는 하나님의 손길을 깨닫게 되면 고난은 변장된 축복임을 알게 됩니다. 그러면 고난을 잘 견딜 수 있습니다. 고난을 통해 더욱 성장할 수 있습니다. 더욱 유연해질 수 있습니다.

깨달음은 열림입니다. 묵상하는 중에 '아하' 탄성이 나오는 순간이 바로 열림의 순간입니다. 깨달음은 발견입니다. 말씀을 읽다가 흑암 중에 감추어진 보화를 발견하기 때문입니다. 깨달음은 연결입니다. 깨달음의 순간, 하나님의 말씀과 우리 삶이 연결 되기 때문입니다. 깨달음의 순간, 우리는 하나님을 알게 됩니다. 우리 자신을 새롭게 발견하게 됩니다. 그때 우리는 회개하게 됩니다. 돌이키게 됩니다. 치유와 회복을 경험하게 됩니다.

말씀을 주야로 묵상하다 보면 어느 순간 놀라운 열림을 경험하게 됩니다. 말씀 속에 담긴 놀라운 지식과 지혜를 깨닫게 됩니다. 하나님과 인간에 대해, 인생과 그 이치에 대해 깨닫게 됩니다. 또한 깨달은 말씀을 통해 우리 자신을 더 깊이 성찰하게 됩니다.

또한 말씀 묵상을 깊이 하면 관찰력이 생깁니다. 관찰은 곧 통찰력으로 이어지는데 이 통찰력을 통해 우리는 문제를 잘 해결할 수 있는 힘을 얻습니다. 통찰력이란 문제를 근원부터 살피는 것입니다. 그래서 문제의 원인을 헤아리는 안목을 갖게 되면 문제를 쉽게 해결할 수 있습니다. 모든 문제의 근원은 아주 작고 단순하기 때문입니다. 통찰력이 생기면 앞을 내다보는 선견력도 뒤따라옵니다. 그리고 이 선견력을 통해 미래를 미리 준비할 수 있습니다. 요셉처럼 미래의 문제를 미리 알고 준비할 때, 수많은 사람들을 살리는 기쁨을 누리게 됩니다.

셋째, 말씀 묵상을 통해 통달의 즐거움을 맛보았습니다

우리는 한 분야에 통달한 사람들을 만나면 감탄하게 됩니다. 그것은 쉬운 일이 아닙니다. 결코 하루아침에 되는 것이 아닙니다. 어떤 분야에서든 통달에 이르기 위해서는 10년 정도 그 분야에 집중해야 합니다. 또한 만 시간 정도 집중하고 반복해야 합니다. 통달의 비밀은 바로 '집중'과 '반복'입니다. 몰입의 경지에 들어가는 것입니다. 그때 통달, 즉 능숙하고 탁월한 경지에 이르게 됩니다. 히스기야왕은 하나님을 섬기는 일에 능숙한 모든 사람을 위로했습니다.

> "히스기야는 여호와를 섬기는 일에 능숙한 모든 레위 사람들을 위로하였더라 이와 같이 절기 칠일 동안에 무리가 먹으며 화목제를 드리고 그의 조상들의 하나님 여호와께 감사하였더라" 대하 30:22.

이 말씀을 개역한글 성경에서는 다음과 같이 번역했습니다.

"히스기야는 여호와를 섬기는 일에 통달한 모든 레위 사람에게 위로하였더라 이와 같이 절기 칠일 동안에 무리가 먹으며 화목제를 드리고 그 열조의 하나님 여호와께 감사하였더라."

개역개정 성경은 '능숙'으로 번역했고, 개역한글 성경은 '통달'로 번역했습니다. 사전에 나오는 통달의 의미를 살펴보십시오.

통달 : 막힘이 없이 환히 통함, 익숙함의 경지, 존재 속에 자신이 하는 일이 스며 들어 있는 경지, 보지 않고도 잘할 수 있는 경지, 모든 것을 기억한 경지.

말씀 묵상을 통해 우리는 통달에 이르는 법을 배우게 됩니다. 말씀 묵상에서 강조하는 것이 즐거워하는 것입니다. 주야로 묵상하는 것입니다. 우리가 어떤 분야든지 좋아하고 사랑하고 즐거워하게 되면 탁월함에 이르게 됩니다. 그것도 주야로 묵상하듯이 집중하고 몰입하면 통달의 경지에 이르게 됩니다. 즉, 임계점을 통과해 막힘 없이 즐길 수 있게 됩니다. 물론 인간은 전지전능하지 못합니다. 그렇지만 말씀 묵상의 원리를 따라 살아갈 때, 어느 분야에서든지 통달의 경지를 경험하게 될 것입니다.

말씀 묵상은 하나님의 아름다움을
즐거워하는 것입니다

말씀 묵상의 목표는 하나님을 맛보아 아는 데 있습니다. 말씀의 주인공은 하나님이십니다. 우리가 말씀을 읽는 이유는 하나님을 알고, 하나님을 만나고, 하나님을 경험하기 위해서입니다. 하나님을 즐거워하기 위해서입니다. 다윗은 하나님의 선하심을 맛본 사람입니다. 그래서 그의 백성들에게 하나님의 선하심을 맛보아 알라고 권면합니다.

"너희는 여호와의 선하심을 맛보아 알지어다 그에게 피하는 자는 복이 있도다"시 34:8.

우리는 이 땅에 태어나서 여러 가지 맛을 보게 됩니다. 또한 여러 가지 즐거움을 경험하게 됩니다. 하나님은 즐거움을 알고, 그 즐거움을 누릴 수 있도록 인간을 만드셨습니다. 그중에 하나가 '놀이'입니다. 하나님은 우리가 일만 하는 것을 원치 않으십니다. 우리가 안식하고, 놀고, 즐기며 살기를 원하십니다. 그렇게 하도록 정하신 날이 안식일입니다. 일주일에 하루는 일을 멈추고 쉬라는 것입니다. 그날은 안식하며 즐거워하라는 것입니다. 특별히 하나님은 안식의 날에 하나님을 즐거워하는 기쁨을 누리라고 말씀하십니다. 그

것이 예배입니다. 경배입니다. 시편 기자는 그의 영혼이 하나님을 즐거워하는 것을 경험하며 이렇게 고백합니다.

"내 영혼이 여호와를 즐거워함이여 그의 구원을 기뻐하리로다" 시 35:9.
"또 여호와를 기뻐하라 그가 네 마음의 소원을 네게 이루어 주시리로다" 시 37:4.

다윗은 하나님의 임재 앞에서 즐거워했습니다. 하나님을 즐거워함으로 그의 마음과 영이 기쁘고 즐거운 것을 경험했습니다.

"내가 여호와를 항상 내 앞에 모심이여 그가 나의 오른쪽에 계시므로 내가 흔들리지 아니하리로다 이러므로 나의 마음이 기쁘고 나의 영도 즐거워하며 내 육체도 안전히 살리니" 시 16:8-9.

다윗은 주님 앞에 있는 충만한 기쁨과 영원한 즐거움을 몸소 경험하며 알았습니다.

"주께서 생명의 길을 내게 보이시리니 주의 앞에는 충만한 기쁨이 있고 주의 오른쪽에는 영원한 즐거움이 있나이다" 시 16:11.

그의 소원은 하나님의 집에 거하면서 하나님의 아름다움을 바라보는 것이었습니다.

"내가 여호와께 바라는 한 가지 일 그것을 구하리니 곧 내가 내 평생에 여호와의 집에 살면서 여호와의 아름다움을 바라보며 그의 성전에서 사모하는 그것이라"시 27:4.

우리의 영혼에는 하나님을 향한 갈망이 있습니다. 우리 영혼에는 세상의 어떤 쾌락으로도 만족할 수 없는 공간이 있습니다. 그 공간은 오직 하나님만으로 채워질 수 있습니다. 많은 사람들이 세상이 제공하는 쾌락을 추구하다가 공허를 경험합니다. 절망을 경험합니다. 좌절을 경험합니다. 그럼에도 불구하고 인간은 계속해서 싸구려 쾌락에 노예가 되어 살아갑니다. 하나님은 더 깊은 즐거움과 기쁨을 예비하셨지만 사람들은 여전히 헛된 쾌락을 추구하며 사는 것입니다. C.S. 루이스는 이런 인간의 모습을 다음과 같이 지적합니다.

우리는 무한한 기쁨을 준다고 해도 술과 섹스와 야망에만 집착하는 냉담한 피조물들입니다. 마치 바닷가에서 휴일을 보내자고 말해도 그게 무슨 뜻인지 상상하지 못해서 그저 빈민가 한구석에서 진흙 파이나 만들며 놀고 싶어 하는 철없는 아이와 같습니다. 우리는 너무 쉽게 만족합니다"「영광의 무게」, 홍성사, 12쪽.

말씀 묵상을 통해 우리가 누릴 수 있는 최고의 즐거움은 하나님의 아름다움을 바라보는 것입니다. 그 아름다움을 즐거워하는 것입니다. 아름다움을 느끼고 경험하기 위해서는 감각을 개발해야 합니다. 많은 사람들이 아름다움을 감지하는 감각을 상실했습니다. 감각을 세상의 쾌락을 맛보는 데만 사용하느라 진정한 아름다움을 보고 그것에 감탄하는 감각을 상실해 버리고 만 것입니다. 하나님의 말씀과 하나님의 아름다움을 즐거워하기 위해서 우리는 아름다움을 감지하는 감각을 다시 회복시킬 필요가 있습니다. 특별히 하나님을 경험하는 거룩한 감각을 회복하고, 개발해야 합니다. 사도 요한은 그의 온 감각을 사용해 알고 느낀 예수님에 대해 증거합니다.

"태초부터 있는 생명의 말씀에 관하여는 우리가 들은 바요 눈으로 본 바요 자세히 보고 우리의 손으로 만진 바라"요일 1:1.

또한 그는 예수님과 교제한 사실을 구체적으로 기록합니다.

"우리가 보고 들은 바를 너희에게도 전함은 너희로 우리와 사귐이 있게 하려 함이니 우리의 사귐은 아버지와 그의 아들 예수 그리스도와 더불어 누림이라"요일 1:3.

예수님을 기뻐하고 즐거워하기 위해서는 감각뿐만 아니라 우리의 믿음을 사용해야 합니다. 믿음은 바라는 것입니다. 믿음은 상상하는 것입니다. 우리는 믿음의 거룩한 상상력을 통해 예수님을 바라보아야 합니다. 사도 베드로는 그의 서신에서 예수님을 보지 못하였으나 사랑하는 성도들의 믿음을 칭찬하고 있습니다.

"예수를 너희가 보지 못하였으나 사랑하는도다 이제도 보지 못하나 믿고 말할 수 없는 영광스러운 즐거움으로 기뻐하니" 벧전 1:8.

믿음의 감각은 육신의 감각을 초월한 더 깊은 영혼의 감각입니다. 성화된 감각입니다. 말씀을 묵상할 때, 우리는 말씀 속에서 하나님을 만나고 그분의 아름다움을 즐거워해야 합니다. 그때 필요한 것이 믿음의 상상력입니다. 그리고 아름다움을 발견하는 영적인 눈입니다.

굳이 설명하지 않아도 우리는 아름다움에 대해 압니다. 아름다운 대상을 만날 때, 우리는 감탄합니다. 즐거워하며 다시 바라보게 됩니다. 미국에 와서 처음 그랜드 캐니언을 방문했을 때의 감격을 잊을 수가 없습니다. 눈앞에 그랜드 캐니언의 장관이 펼쳐졌을 때,

그 감격과 충격과 놀라움이 지금도 생생합니다.

아름다움이란 존재 그 자체에 있습니다. 우리가 인정하든 인정하지 않든 아름다움의 본질은 바뀌지 않습니다. 그런데 모든 사람이 그 아름다움을 인정하고, 발견하고, 누리는 것은 아닙니다. 아름다움을 누리기 위해서는 아름다움을 관찰하는 자세가 중요하기 때문입니다. 에릭 부스의 말에 귀를 기울여 보십시오.

> 흔히 아름답다고 일컬어지는 생생한 만남의 중심에는 언제나 감탄이 있다. 이 아름다움을 경험하기 위해서는 감탄하는 능력을 이용하고, 그 능력을 되살려내야 한다「일상, 그 매혹적인 예술」, 에코의서재, 195쪽.

또한 에릭 부스는 아름다움을 경험하는 자가 아름다움을 창조할 수 있고, 스스로도 아름다워질 수 있다고 말합니다.

> 아름다움을 경험할 때 아름다움을 창조할 수 있고, 우리 자신도 아름다워질 수 있다. 예컨대 무용수의 몸짓에서 아름다움을 경험했다면 우리는 춤과 몸짓, 삶에 대해 이미 알고 있는 것을 바탕으로 그 경험을 재구성한 것이다. 이런 지식을 결합하여 진지하게 인식할 때, 우리만의 고유한 아름다움을 창조할 수 있다. 이런 예술적 기술을 적용할 때 우리 스스로도 아름답게 변할 수 있고, 세상의 창고도 아름다운 것들로 가득 채울 수 있다「일상, 그 매혹적인 예술」, 195쪽.

우리가 하나님의 아름다움을 발견하고, 경험하고, 즐거워할 때, 우리도 하나님의 아름다움을 삶 속에서 재현할 수 있습니다. 우리는 우리가 늘 생각하고, 즐거워하는 것을 닮아갑니다. 이처럼 하나님의 아름다움을 즐거워할 때, 우리는 하나님의 아름다움을 닮아갈 수 있습니다.

하나님의 아름다움은 어떤 아름다움일까요? 청교도 신학자요, 목회자였던 조나단 에드워즈는 이 문제를 가장 진지하게 다루었습니다. 그는 하나님의 아름다움은 하나님의 성품에 있음을 강조합니다.

참된 성도의 마음은 우선 하나님의 행하신 일들 가운데서 볼 수 있는, 영광스럽고 사랑할 만한 하나님의 성품이 너무 달콤하기 때문에 말할 수 없이 기뻐하고 즐거워한다. 이것이 바로 성도가 가진 모든 기쁨의 원천이며, 성도가 가진 모든 즐거움의 정수다 「조나단 에드워즈의 신앙감정론」, 부흥과 개혁사, 359쪽.

그는 하나님의 아름다움은 하나님의 창조와 구원에서 나타나지만 그 근본은 바로 하나님의 거룩함, 그분의 도덕적 완전함에 있음을 강조합니다.

하나님의 도덕적 완전성의 아름다움은 창조의 섭리에서 나타나는 하나님의 모든 사역의 영광스러움을 드러낸다. 왜냐하면 하나님의 거룩하심, 의로우심, 신실하심과 선하심은 하나님이 행하신 일들이 특별히 영광스럽다는 사실을 분명하게 드러내기 때문이다. 그리고 이런 도덕적 완전성이 없다면 하나님의 능력과 솜씨는 전혀 영광스럽지 않을 것이기 때문이다. 하나님께서 당신의 손으로 행하시는 모든 사역의 특별한 목적은 하나님의 도덕적 완전성을 영화롭게 하는 것이다.『조나단 에드워즈의 신앙감정론』, 391쪽.

하나님의 아름다움은 그분의 성품에 그 뿌리가 있습니다. 배움과 깨달음과 통달의 즐거움을 누렸더라도 그 즐거움이 하나님의 성품과 부합되는 것이 아니라면 그것은 우리의 영혼에 아무 유익이 없습니다. 저는 아름다움 가운데 지성의 아름다움을 보고 감탄한 적이 있습니다. 또한 솜씨의 아름다움을 보고 감탄한 적이 있습니다. 하지만 하나님의 아름다운 성품이 그 안에 깃들어 있지 않으면 그 아름다움은 때로 위험하기까지 합니다. 탁월한 지성과 솜씨로 죄를 지을 수 있기 때문입니다. 많은 사람들을 파멸로 몰아갈 수 있기 때문입니다.

우리가 말씀을 묵상하는 가장 중요한 이유는 하나님을 알기 위해서입니다. 하나님의 임재 앞에서 하나님의 아름다움을 바라보기 위해서입니다. 그리고 그 임재 앞에서 즐거워하기 위해서입니다. 그러기 위해서는 우리의 영적 지식과 영적 감각을 더욱 개발해야 합니다. 그때 우리는 예수님을 생각만 해도 기쁨이 충만해지는 경험을 하게 되는 것입니다.

영적인 지식은 주로 영적인 아름다움을 아는 마음의 지식에 존재한다. 내가 여기서 마음의 지식이라고 말하는 이유는 영적인 지식에 속한 것이 단지 사변만이 아니며, 영적인 지식을 지성과 의지라는 두 감각 기능이 서로 분리해서 작용하듯이 명확하게 구분할 수 없기 때문이다. 마음이 어떤 대상의 달콤한 아름다움과 사랑스러움을 느낄 때, 그것은 그 대상을 생각만 해도 달콤함과 즐거움을 느낀다는 것을 의미한다. 대상의 아름다움이 주는 기쁨과 사랑스러움을 느끼면 본질상 마음의 지식을 낳는다. 그리고 미각과 성향과 의지를 소유하고 있는 영혼에게 영향을 끼치고 인상을 준다 『조나단 에드워즈의 신앙감정론』, 389쪽.

우리는 말씀 묵상을 통해 영적인 아름다움을 아는 마음의 지식을 소유하게 됩니다. 또한 영적인 아름다움을 즐거워하는 성향과 의지를 소유하게 됩니다. 물론 이것은 은혜로 가능합니다. 어떤 사람은 예수님을 믿자마자 예수님의 성품과 그 아름다움을 즐거워하며 살아갑니다. 어떤 사람은 조금 시간이 더 걸리기도 합니다. 그러나 조급해 하지 마십시오. 하나님은 그분의 아름다움을 아는 지식을 갈망하는 자에게 성령님을 통해 얼마든지 또 언제든지 그 지식을 소유할 수 있게 해주십니다.

즐거워함으로 하나님을 기쁘게 하십시오

　부모의 행복은 자녀의 행복에 달려 있습니다. 부모는 자녀가 행복해 하는 모습을 보면서 기뻐합니다. 그것이 사랑입니다. 사랑은 사랑하는 대상의 행복에 관심을 갖는 것입니다. 사랑하는 대상의 행복 속에서 기쁨을 경험하는 것입니다. 하나님은 우리를 사랑하시는 아버지입니다. 하나님의 관심은 우리의 행복에 있습니다. 우리를 축복하시고, 우리가 그 축복을 누리길 원하십니다. 누린다는 것은 즐겁게 즐기는 것입니다. 가끔 경건한 그리스도인들 가운데 즐기는 것을 죄로 여기는 사람들을 만납니다. 그것은 잘못된 것입니다. 죄악의 쾌락을 즐거워하는 것은 잘못이지만, 마땅히 즐거워해야 할 것을 즐거워하지 않는 것 또한 잘못입니다.

　우리의 삶을 지탱하는 힘 중 하나가 즐거움입니다. 진지함도 중요하지만 진지함만 있다면 숨이 막힐 것입니다. 무엇이든지 지속하기 위해서는 즐거움이 필요합니다. 즐거움이 없으면 탁월함의 경지에 이르지 못합니다. 보통 즐거움이 있으면 조금 더 하고 싶어집니다. 즐거움이 있으면 조금 더 훈련을 지속할 수 있고, 그러다 보면 숙달의 경지에 이르게 되는 것입니다. 달리기의 즐거움을 맛보면 조금 더 달리고 싶어집니다. 연주의 즐거움을 맛보면 조금 더

연주하고 싶어집니다. 그림의 즐거움을 맛보면 조금 더 그리고 싶어집니다. 이와 마찬가지로 묵상과 기도의 맛의 즐거움을 보면 조금 더 묵상하고, 조금 더 기도하고 싶어집니다. 가장 탁월한 경지는 즐기는 경지입니다. 중국의 현인, 공자도 "아는 것은 좋아하는 것만 못하고, 좋아하는 것은 즐기는 것만 못하다"라고 말하지 않았습니까?

하나님이 우리에게 주신 선물 중 하나는 놀이입니다. 우리는 놀이를 통해 즐거움에 이르게 됩니다. 어린아이들을 관찰해 보십시오. 참 잘 놉니다. 잘 놀고, 잘 웃는 아이들이 건강합니다. 놀이가 없다면 학습의 발전은 불가능합니다. 놀이하는 법을 배운다면 무엇이든 쉬워질 수 있습니다. 아무리 힘든 노동이라도 즐기는 마음으로 하면 노동이 아닌 놀이가 됩니다. 우리는 어른이 되면서 놀이하는 법을 상실해 버렸습니다. 그래서 다시 놀이하는 법을 배워야 합니다. 놀지 못하는 상태는 병든 상태입니다. 그것을 우리는 우울증이라고 합니다. 놀이를 상실했다는 것은 곧 의욕을 상실한 것입니다. 우리는 놀이를 통해 즐거움을 회복해야 합니다.

"놀지 못하는 상태에서 놀 수 있는 상태로 환자를 변화시키는 것이 심리치료의 목표다." _ 도널드 위니캇

우리는 즐기는 것을 오래 하게 됩니다. 즐기면 빠져듭니다. 몰

입의 경지에 이르게 됩니다. 그때 우리는 말할 수 없는 행복감을 경험하게 됩니다. 놀이 속에 빠져 들면 우리는 자아를 망각합니다. 주위를 의식하지 않습니다. 우리는 놀이를 통해 속박에서 해방되고 창의력이 향상됩니다.

"새로운 것의 창조는 지성이 아니라 놀이 충동에서 생겨난다. 창조하는 마음은 좋아하는 대상과 함께 놀 때 싹튼다." _ 칼 쿠스타브 융

모든 일을 처음부터 쉽게 즐길 수 있는 것은 아닙니다. 그렇지만 어느 정도 경지에 들어가면 우리도 모르는 사이에 즐기게 됩니다. 그때 우리는 삶의 희열을 느낍니다. 저도 한때 말씀 묵상이 쉽지 않았습니다. 생각한다는 것은 머리가 아픈 일이었습니다. 그런데 어느 날 생각 자체를 즐기기로 마음먹었습니다. 게임하듯이 생각하고, 성스러운 놀이를 하듯이 말씀을 묵상하기로 했습니다. 그 날 이후로 다양한 방법으로 놀이하듯이 묵상 연습을 했고 그 과정을 통해 깊은 묵상의 경지에 들어갈 수 있었습니다. 또한 그 과정을 통해 이전에 전혀 생각하지 못했던 창조적인 아이디어가 떠오르는 것을 경험했습니다.

말씀 묵상을 통해 무엇보다 하나님을 즐거워하십시오. 하나님의 가장 큰 기쁨은 우리가 하나님을 기뻐하는 것입니다. 하나님이 하신 창조와 구속의 역사는 아름답습니다. 하나님의 기쁨은 창조

에 있었습니다. 또한 인류를 구원하는 데 있었습니다. 하나님의 형상을 닮은 우리에게도 동일한 기쁨이 내재해 있습니다. 그래서 무언가를 창조할 때, 누군가를 구원의 길로 인도할 때, 충만한 기쁨을 느끼게 되는 것입니다.

그렇지만 하나님을 즐거워할 때, 하나님이 하신 일이나 그 일로 인한 혜택만을 기뻐해서는 안 됩니다. 우리는 하나님의 성품을 즐거워해야 합니다. 무엇보다 하나님 그분을 즐거워해야 합니다.

우리가 사랑해야 할 대상은 바로 하나님이십니다. 하나님을 사랑하고 즐거워할 때, 우리는 세상이 줄 수 없는 성스러운 기쁨을 누리게 됩니다. 이 기쁨을 맛본 사람은 로마 옥중에서도 기뻐한 사도 바울처럼 어떤 환경 가운데서도 승리할 수 있습니다.

말씀 묵상을 통해 많은 유익을 누릴 수 있습니다. 유익을 누리는 것을 부끄러워하지 마십시오. 그것은 말씀을 묵상하고, 그 말씀을 즐거워하는 사람에게 허락하신 하나님의 선물이자 상급입니다. 하지만 거기에 머물러서는 안 됩니다. 하나님을 즐거워하는 데까지 이르러야 합니다. 하나님의 아름다움을 바라보고 즐거워하는 것이 말씀 묵상의 목적입니다. 그 즐거움 속에서 하나님의 성품을 닮아 가는 것이 말씀 묵상의 목적입니다. 하나님의 성품과 사랑을 통해 우리 가족과 이웃을 사랑하는 것이 말씀 묵상의 목적입니다.

04

· 말씀 묵상과 읊조림의 영성 ·

말씀의 되새김질로
영적 영양분을 흡수하십시오

"내가 주의 법을 어찌 그리 사랑하는지요 내가 그것을 종일 작은 소리로 읊조리나이다 주의 계명들이 항상 나와 함께 하므로 그것들이 나를 원수보다 지혜롭게 하나이다 내가 주의 증거들을 늘 읊조리므로 나의 명철함이 나의 모든 스승보다 나으며 주의 법도들을 지키므로 나의 명철함이 노인보다 나으니이다"시 119:97-100.

히브리적 말씀 묵상은
작은 소리로 읊조리는 것을 의미합니다

　하나님은 말씀 묵상을 아주 중요하게 여기십니다. 왜냐하면 말씀이 곧 능력이기 때문입니다. 말씀이 곧 생명이기 때문입니다. 하나님은 말씀으로 천지를 창조하셨습니다. 말씀을 통해 사람을 살리셨습니다. 말씀이 역사하는 곳에 생명이 약동합니다. 말씀은 우리의 미래를 창조합니다. 말씀은 우리의 언어에 영향을 끼치게 됩니다. 하나님이 말씀으로 천지를 창조하신 것처럼 우리는 말하는 것으로 우리의 미래를 창조하게 됩니다. 이렇게 우리는 말씀의 중요성을 잘 알고 있고, 그래서 말씀을 묵상해야 한다는 것도 잘 알고 있지만, 어떻게 말씀을 묵상할 것인지에 대해 구체적으로 배워 본 적이 없습니다.

우리가 무엇인가를 배우고 성취하기 위해서는 배움의 원리와 방법을 잘 알아야 합니다. 무엇을 묵상하고, 왜 그것을 묵상해야 하는지를 배우는 것은 원리에 속합니다. 원리를 아는 것은 아주 중요하지만, 그것에 만족해서는 안 됩니다. 말씀 묵상의 원리를 알았다면 구체적으로 말씀 묵상을 어떻게 하면 잘할 수 있는지를 배워야 합니다. 즉, 말씀 묵상의 방법론을 터득해야 합니다.

평생학습자로 살아온 저는 어릴 적에 공부를 잘하지 못했습니다. 공부를 하긴 하는데 성적이 좋지 않았습니다. 저는 머리가 나빠서 공부를 못하는 줄 알았습니다. 아이큐가 다른 학생들에 비해 떨어지는 줄 알았습니다. 그런데 제가 성적이 좋지 않았던 것은 머리가 나빠서가 아니라 공부하는 방법을 몰랐기 때문이라는 것을 나중에 깨달았습니다. 그런 뒤 공부하는 방법을 터득하니 학교 성적이 좋아졌습니다. 우리가 잘 사용하는 말로 '노하우'가 있습니다. 영어로 'know how', 곧 방법을 안다는 것입니다.

우리는 지식이나 원리를 아는 것보다 기술이나 방법을 조금 경시하는 경향이 있습니다. 그것은 잘못된 생각입니다. 의사와 조종사를 생각해 보십시오. 만약 그들이 알고 있는 지식과 함께 기술을 탁월하게 익히지 않는다면 수많은 사람의 생명을 잃게 할 수도 있습니다. 반면에 훌륭히 기술을 익히면 수많은 사람의 생명을 살릴 수 있습니다.

하나님이 말씀을 묵상하는 방법으로 알려 주신 것이 말씀을 작은 소리로 읊조리는 것입니다. 그것도 주야로 읊조리는 것입니다. 마치 중얼거리는 식으로 말씀을 반복해서 작은 소리를 내어 읊조리는 것입니다.

"내가 주의 법을 어찌 그리 사랑하는지요 내가 그것을 종일 작은 소리로 읊조리나이다"시 119:97.

성경에 기록된 묵상이란 단어는 히브리어로 '하가', 곧 '소리 내다'라는 뜻을 지닙니다. 소리 내어 읊조리는 것을 의미합니다. 이 방법은 히브리인에게 아주 익숙한 묵상 방법입니다. 말씀 묵상을 연구한 영성가와 목회자들은 한결같이 이 히브리적 묵상 방법에 대해 설명합니다. 켄 가이어는 「묵상하는 삶」에서 히브리적 묵상에 대해 다음과 같이 설명합니다.

'묵상하다'라는 히브리어 단어는 '중얼거리다, 나지막이 소리 내다'라는 뜻이다. 비둘기가 정답게 '구구'하는 소리, 사자가 저음으로 으르렁거리는 소리, 하프의 감미로운 음악 소리 등에 사용되는 단어이다. 말씀을 마음속으로 곰곰이 생각하고 또 생각하는 것이 성경을 묵상하는 이들의 습관이었다. 그 과정에 말씀을 입으로 말하게 되는데 그 낮은 목소리가 꼭 중얼거리는 소리처럼 들릴 때가 많았다「묵상하는 삶」, 두란노, 104-105쪽.

또한 존 파이퍼는 다음과 같이 히브리적 묵상을 설명합니다.

히브리어에서 묵상은 기본적으로 말하거나 중얼거린다는 뜻이다. 이것이 마음에서 이루어질 때, 이것을 가리켜 숙고 또는 묵상이라고 한다. 그러므로 하나님의 말씀을 주야로 묵상한다는 것은 자신에게 하나님의 말씀을 주야로 말하는 것이다. 그리고 그 말씀을 곰곰이 생각하고, 그 말씀에 관해 질문을 던지고 성경 자체로부터 해답을 찾으며, 그 말씀이 자신과 다른 사람들에게 어떻게 적용될 수 있는지 스스로 물으며, 그 말씀이 삶과 교회와 문화와 선교에 대해 함축하고 있는 의미를 깊이 생각하는 것이다『말씀으로 승리하라』, IVP, 79쪽.

히브리적 묵상법은 하나님이 히브리 사람, 즉 유대인들에게 가르쳐 주신 묵상법입니다. 애굽에서 종살이했던 히브리인들을 세계적인 민족으로 키운 교육 방법이 바로 히브리적 묵상법입니다. 그렇다면 우리는 이 하나님의 묵상법이요, 하나님이 가르쳐 주신 학습법을 주목할 필요가 있습니다. 우리가 이 히브리적 묵상법을 터득한다면 우리와 우리 자녀들에게 놀라운 축복이 될 것입니다.

말씀을 소리 내어 읊조리며 묵상하십시오

우리가 아는 것처럼 구약 시대에 살았던 사람들은 오늘날 우리가 갖고 있는 성경을 가질 수 없었습니다. 하나님은 아브라함을 선택하신 후에 그에게 하나님의 말씀을 가르치셨습니다. 또한 그 말씀을 자녀들에게 가르치도록 명하셨습니다.

> "아브라함은 강대한 나라가 되고 천하 만민은 그로 말미암아 복을 받게 될 것이 아니냐 내가 그로 그 자식과 권속에게 명하여 여호와의 도를 지켜 의와 공도를 행하게 하려고 그를 택하였나니 이는 나 여호와가 아브라함에게 대하여 말한 일을 이루려 함이니라"창 18:18-19.

하나님께서 아브라함에게 가르쳐 주신 '여호와의 도', 곧 말씀은 당시 책으로 기록된 것이 아닙니다. 구약의 오경을 처음 쓴 모세 이전의 사람들은 하나님의 역사와 특별히 아브라함과 이삭과 야곱과 요셉을 통해 내려온 하나님의 말씀을 구전을 통해 듣고 전승했습니다. 다시 말해 대대로 선조로부터 들은 것을 암송해서 후손에게 전수했던 것입니다. 그 과정에서 사용한 방법이 바로 '하가', 즉 읊조리는 가운데 하나님의 말씀을 암송하는 방법입니다. 성경 암송은 영성 훈련의 기본입니다. 예수님은 친히 성경을 암송하시며 본을 보여 주셨습니다. 수많은 목회자들과 그리스도인들에게 영향을 끼친 달라스 윌라드는 암송의 중요성을 다음과 같이 말합니다.

> 성경 암송은 영적 성장의 절대적 기초다. 영적인 삶의 모든 훈련들 가운데 한 가지를 선택한다면 성경 암송을 선택할 것이다. 왜냐하면 성경 암송은 우리의 마음이 필요로 하는 것을 채워 주는 기본적인 방법이기 때문이다. 이 율법책을 네 입에서 떠나지 말게 하라. 율법책은 입에 있어야 한다! 어떻게 하면 율법책이 당신의 입에 있게 할 수 있는가? 암송하면 된다「말씀으로 승리하라」, 66쪽.

존 파이퍼도 성경 암송이 그에게 얼마나 유익을 주었는가에 대해 역설합니다.

> 성경을 암송하고 성경이 내 머리와 마음속에 있게 할 때 나타나는 결과는 셀 수 없을 정도로 많다. … 말씀은 직접적, 간접적으로 기쁨을 준다. 먼저 그것은 그리스도의 아름다움과 그분의 길과 그분이 영원히 우리를 위해 약속하신 모든 좋은 것들을 보여 줌으로써 직접적으로 기쁨을 준다. 그리고 우리가 정결한 마음으로 그리스도의 아름다움을 더 분명하게 볼 수 있도록 그리스도의 우월한 즐거움을 우리에게 주어 세상의 유쾌한 즐거움을 버리게 함으로써 간접적으로 기쁨을 준다「말씀으로 승리하라」, 66-67쪽.

그렇다면 말씀을 암송한다는 것은 무엇을 의미할까요? 또한 말씀을 암송하면 어떤 일이 일어나는 것일까요?

말씀 암송은 말씀을 마음에 새기는 것입니다

하나님은 이스라엘 백성들에게 '쉐마'라는 교육 헌장을 주셨습니다. 하나님의 말씀을 마음에 새기는 교육 방법입니다.

> "오늘 내가 네게 명하는 이 말씀을 너는 마음에 새기고 네 자녀에게 부지런히 가르치며 집에 앉았을 때에든지 길을 갈 때에든지 누워 있을 때에든지 일어날 때에든지 이 말씀을 강론할 것이며 너는 또 그것을 네 손목에 매어 기호를 삼으며 네 미간에 붙여 표를 삼고 또 네 집 문설주와 바깥 문에 기록할지니라" 신 6:6-9.

하나님은 자녀들이 그분의 법을 마음에 새기기를 원하십니다. 그래서 우리가 어디를 가든지 말씀과 동행하는 삶을 살기 원하십니다. 함께 하는 말씀이 우리의 존재 속에 스며들고, 체득體得되길 바라시는 것입니다.

> "그러나 그날 후에 내가 이스라엘 집과 맺을 언약은 이러하니 곧 내가 나의 법을 그들의 속에 두며 그들의 마음에 기록하여 나는 그들의 하나님이 되고 그들은 내 백성이 될 것이라 여호와의 말

쏨이니라"렘 31:33.

마음에 새기는 것을 히브리어로 '알'이라고 합니다. 이 말의 뜻은 '무엇의 위에 두다'라는 것입니다. 다시 말해 말씀을 마음 위에 두고, 말씀을 마음에 새기는 것을 의미합니다. 말씀을 암송할 때, 가장 중요한 것은 마음에 새길 정도로 반복하는 것입니다. 그러고 나서 그것을 가르치고, 강론하면서 암송한 것이 서로의 마음에 더 깊이 새겨지도록 해야 합니다. 말씀을 마음에 새긴다는 것은 지워지지 않을 정도로 각인시킨다는 것을 의미합니다. 그냥 무엇인가를 기억하는 것과는 전혀 다른 차원입니다.

말씀 암송은 말씀을 마음의 그릇에 저장하는 것입니다

예수님은 우리의 마음을 선한 것과 악한 것을 담는 그릇에 비유하셨습니다. 마음의 그릇에 무엇을 채우느냐에 따라 우리 입을 통해 나오는 말이 달라진다는 것입니다. 우리 마음에 무엇을 저장하느냐에 따라 우리의 말이 달라진다는 것입니다.

"선한 사람은 마음에 쌓은 선에서 선을 내고 악한 자는 그 쌓은 악에서 악을 내나니 이는 마음에 가득한 것을 입으로 말함이니라"눅 6:45.

하나님의 말씀을 암송할 때, 그 말씀은 마음의 그릇에 저장됩니다. 그렇게 말씀이 우리 마음에 채워질 때, 그 말씀은 우리의 언어가 됩니다.

말씀 암송은 말씀을 입과 혀에 새기는 것입니다

말씀을 묵상하는 것은 말씀을 우리의 생각과 마음에 새기는 것입니다. 그런데 히브리적 묵상법은 한 걸음 더 나아가 말씀을 우리의 입과 혀에 새기도록 도와줍니다.

"나의 반석이시요 나의 구속자이신 여호와여 내 입의 말과 마음의 묵상이 주님 앞에 열납되기를 원하나이다"시 19:14.

우리 입과 혀가 언제나 말씀을 기억하도록 하는 것이 히브리적 묵상법입니다. 종일 말씀을 소리내어 읊조릴 때, 우리의 입과 혀에 말씀이 새겨집니다. 그런 과정을 통해 마음의 묵상은 깊어집니다. 성경은 우리의 입과 혀를 통해 하나님의 놀라운 축복이 주어진다는 사실을 기록합니다. 또한 입과 혀를 잘못 사용하게 되면 비참한 결과를 맞는다는 사실도 강조합니다.

"사람은 입에서 나오는 열매로 말미암아 배부르게 되나니 곧 그의 입술에서 나는 것으로 말미암아 만족하게 되느니라 죽고 사는 것이 혀의 힘에 달렸나니 혀를 쓰기 좋아하는 자는 혀의 열매를 먹으리라"잠 18:20-21.

성경을 암송하고 묵상할 때, 가장 중요한 것이 '반복'입니다. 영적 의지력을 가지고 성경을 반복하여 읊조리고 묵상할 때, 말씀이 바로 우리의 입과 혀에 새겨지고, 기억되는 것입니다. 지용훈 목사는 「말씀으로 기도하라」는 책을 통해 이를 강조합니다.

의지력은 생각(이성)으로 증명되는 것이 아니라 몸으로 증명되는 것입니다. 짧은 단위를 반복해서 암송하다 보면 말씀이 머리에 외워지는 것이 아니라 입술과 혀에 기억됩니다. 습관으로 굳어지는 것입니다. 즉, 영의 말씀이 혼적인 생각을 지나쳐서 육체에 박히게 됩니다.
「말씀으로 기도하라」, 규장, 137쪽.

예수님은 말씀 그 자체이십니다. 말씀이 육신을 입은 존재가 바로 예수님입니다. 이와 같이 우리가 하나님의 말씀을 반복적으로 읊조리면서 묵상할 때, 말씀이 우리의 몸에 새겨지게 됩니다. 그때 말씀이 우리의 일부가 됩니다. 어디를 가든지 말씀과 동행하게 됩니다.

암송한 말씀을 반추하는 것이 곧 말씀 묵상입니다

하나님의 말씀을 종일 읊조리며 마음에 새기는 것은 소와 양이 풀을 먹은 후에 그것을 되새김질하는 것과 같습니다. 짐 다우닝은 되새김질을 통한 묵상을 다음과 같이 잘 설명해 줍니다.

> 소, 양, 염소, 영양, 낙타, 기린 등을 포함한 많은 동물들이 되새김질을 하는 동물에 속합니다. 이러한 동물들은 모두 네 개씩의 위를 가지고 있습니다. 보다 전문적으로 말한다면, 그들의 위는 네 개의 방으로 나누어져 있는 것입니다. … 되새김질하는 동물들은 먹이를 재빨리 대강 씹어 삼킵니다. 그런 후 아침 10시쯤 되어 해가 뜨거워지면 젖소는 그늘에 누워 첫 번째 위로부터 음식을 조금씩 입으로 토해 냅니다. 이번에는 그것을 철저히 씹습니다. 그리하여 음식물들은 둘째, 셋째, 넷째 위로 보내어집니다. 마침내 소화된 음식물은 그 동물의 피 속에 흡수되어 문자 그대로 그 동물의 생명의 일부가 되는 것입니다. … 되새김질과 묵상은 동의어입니다. 다시 꺼낸 음식물을 소가 씹을 때마다 영양분은 풀로부터 빠져 나와 소의 침과 혼합되어 다른 위로 보내어집니다. 음식물로부터 빼낸 영양분은 문자 그대로 그 소의 혈액의 일부가 되는 것입니다.
> 우리가 하나님의 말씀을 묵상할 때, 영적 영양분이 말씀을 통해 예수님으로부터 흘러나와 우리 영적 혈액의 일부가 됩니다. 성경 말씀은 우리가 예수님으로부터 영적 영양분을 공급받는 주된 수단입니다「묵상」, 네비게이토, 23-24쪽.

이처럼 말씀을 되새김질하면서 말씀 속에 담긴 영적 영양분을 흡수하는 것이 묵상입니다. 그 과정을 통해 우리는 말씀을 사랑하고 음미하게 됩니다. 말씀을 즐거워하게 됩니다. 말씀의 유익을 온전히 얻게 됩니다.

그렇다면 언제 우리는 말씀을 읊조리게 될까요?

첫째, 말씀을 사랑하고 즐거워할 때, 말씀을 읊조리게 됩니다. 우리는 사랑하는 것을 가까이 합니다. 그리고 사랑하는 것을 즐거워하게 됩니다. 이처럼 말씀을 사랑할 때, 우리는 말씀을 늘 소리 내어 읊조리며 즐거워하게 됩니다. 처음에는 하나님의 말씀을 소리 내어 읊조리는 것이 힘들지만 점점 말씀을 사랑하고, 즐거워할 때, 자신도 모르게 말씀을 읊조리게 될 것입니다.

> "내가 주의 법을 어찌 그리 사랑하는지요 내가 그것을 종일 작은 소리로 읊조리나이다" 시 119:97.
>
> "내가 사랑하는 주의 계명들을 스스로 즐거워하며" 시 119:47.
>
> "또 내가 사랑하는 주의 계명들을 향하여 내 손을 들고 주의 율례들을 작은 소리로 읊조리리이다" 시 119:48.

하나님의 말씀을 사랑한다는 것은 하나님을 사랑한다는 것을 의미합니다. 하나님을 사랑하면 그분의 말씀을 사랑하게 됩니다. 우리의 가슴이 하나님 사랑으로 뜨거워질 때, 우리는 하나님의 말씀을 늘 읊조리며 묵상할 수밖에 없습니다.

"내 마음이 내 속에서 뜨거워서 작은 소리로 읊조릴 때에 불이 붙으니 나의 혀로 말하기를"시 39:3.

말씀에 대한 사랑이 깊어진 시편 기자는 그 말씀을 작은 소리로 읊조리는 중에 성령의 불이 붙는 것을 경험했습니다. 그때 우리는 하나님께 기도하게 됩니다. 하나님을 찬양하게 됩니다.

둘째, 말씀을 통해 깨달음에 이를 때, 말씀을 읊조리게 됩니다. 말씀을 묵상하다 보면 말씀을 깊이 깨닫게 됩니다. 말씀을 깨닫는다는 것은 말씀을 맛보는 것입니다. 이렇게 말씀을 맛볼 때, 더욱 말씀을 묵상하게 됩니다.

"나에게 주의 법도들의 길을 깨닫게 하여 주소서 그리하시면 내가 주의 기이한 일들을 작은 소리로 읊조리리이다"시 119:27.

말씀을 깨닫는 순간에는 말씀이 송이꿀처럼 달게 느껴집니다.

"주의 말씀의 맛이 내게 어찌 그리 단지요 내 입에 꿀보다 더 다나이다"시 119:103.

말씀의 맛을 안다는 것은 깨달음을 통해 인생의 이치를 알게 되는 것입니다. 말씀을 묵상하는 중에 하나님의 섭리를 깨달을 때, 우리는 '아하' 탄성을 지르게 됩니다. 삶의 문제 가운데 하나님의 섭리를 깨닫게 됩니다. 그러면서 문제를 새로운 관점으로 바라보고 해결하게 됩니다.

셋째, 말씀의 유익을 깨닫게 될 때, 말씀을 읊조리게 됩니다. 말씀 묵상이 주는 유익은 정말 많습니다. 시편 119편을 기록한 하나님의 사람은 말씀을 종일 읊조리는 중에 주의 계명들이 항상 그와 함께함을 경험했습니다. 말씀이 지혜를 주는 것을 경험했습니다. 그래서 그는 주의 말씀을 늘 읊조렸습니다.

"주의 계명들이 항상 나와 함께하므로 그것들이 나를 원수보다 지혜롭게 하나이다 내가 주의 증거들을 늘 읊조리므로 나의 명철함이 나의 모든 스승보다 나으며 주의 법도를 지키므로 나의 명철함이 노인보다 나으니이다" 시 119:98-100.

말씀을 묵상하게 되면 지혜와 명철을 얻습니다. 말씀을 묵상하게 되면 유혹을 물리칠 수 있고, 장애물을 미리 피할 수 있으며 설사 장애물을 만났다 할지라도 그것을 극복할 힘을 얻습니다.

"주의 법을 사랑하는 자에게는 큰 평안이 있으니 그들에게 장애물이 없으리이다"시 119:165.

하나님의 말씀을 사랑하는 사람에게는 큰 평안이 있으며, 장애물이 없다는 것입니다. 얼마나 놀라운 약속입니까? 그런데 여기서 장애물이 없다는 것은 장애물이 없는 인생을 살게 된다는 뜻이 아닙니다. 말씀 묵상을 통해 지혜를 얻게 되면 장애물을 피하고 극복할 수 있으며 그 결과 오히려 장애물이 인생을 복되게 하는 디딤돌이 되는 축복을 누리게 됨을 의미합니다.

말씀을 읊조리며 기도하십시오

말씀 묵상은 기도로 연결되어야 합니다. 말씀 묵상은 말씀을 통해 하나님께 나아가는 데 그 목표가 있습니다. 하나님께 나아가 그분의 아름다움을 앙망하며, 그분을 바라보는 것이 말씀 묵상의 목표입니다. 예수님은 약속하셨습니다.

"너희가 내 안에 거하고 내 말이 너희 안에 거하면 무엇이든지 원하는 대로 구하라 그리하면 이루리라"요 15:7.

말씀과 기도는 함께 동행해야 함을 강조하신 것입니다. 말씀이 수반되지 않는 기도는 위험합니다. 말씀 묵상만 하고 기도하지 않는 삶도 과녁을 벗어난 화살같이 헛됩니다. 유대인들이 말씀을 암송하고 묵상하는 가장 중요한 이유는 기도하기 위해서입니다. 토마스 왓슨은 묵상과 기도의 관계를 아주 잘 설명하는 글을 썼습니다.

> 묵상은 기도를 돕는다. 묵상은 등불의 기름과 같아서 묵상이 없으면 기도의 등불은 곧 꺼지고 말 것이다. 또한 묵상과 기도는 한 쌍의 비둘기와 같아서 하나를 떼어 놓으면 다른 하나는 죽고 만다. 경험 많은 낚시꾼은 물고기가 가장 잘 잡히는 시기와 계절을 가려 낚싯줄을 던진다. 기도의 낚시줄을 던져 은혜라는 물고기를 건져 올리기에 가장 좋은 시기는 마음이 묵상으로 뜨거워졌을 때다「묵상의 산에 오르라」, 생명의 말씀사, 184쪽.

또한 그는 묵상이 기도에 어떻게 영향을 끼치는지를 잘 설명합니다.

> 묵상은 안으로 부어 넣고 밖으로 쏟아내는 역할을 통해 이중적인 유익을 끼친다. 다시 말해, 묵상은 선한 생각을 마음속에 부어 넣고, 그런 생각을 다시 기도로 쏟아내게 한다. 묵상은 기도할 제목을 떠오르게 하고 기도할 마음을 갖게 만든다. 다윗은 "작은 소리로 읊조릴 때에"시 39:3라고 말하고 바로 다음 구절에서 "여호와여 나의 종말과 연

한이 언제까지인지 알게 하사"라고 기도했다. 또한 그는 시편 143편 5-6절에서도 "내가 … 주의 손이 행하는 일을 생각하고 주를 향하여 손을 펴고 … 주를 사모하나이다"라고 말했는데, 여기서 "손을 펴고"라는 말은 기도의 손을 내밀었다는 뜻이다. 그리스도께서는 산 위에서 기도하셨다. 이와 마찬가지로 기도하기에 가장 적합한 때는 우리의 영혼이 묵상의 산 위에 있을 때다. 묵상이 선두를 이끌면 기도는 후미를 맡는다'묵상의 산에 오르라」, 185쪽.

  말씀을 묵상하면서 기도하기 위해서는 성경을 서둘러서 읽으면 안 됩니다. 짧은 말씀을 선택하고 그 말씀을 반복적으로 읊조리고 음미하면서 기도하십시오. 열쇠는 '반복'과 '집중'에 있다는 것을 기억하고 말씀을 거듭 묵상하면서 음미하십시오. 그 말씀이 온전히 마음과 혀에 새겨질 때까지 반복하여 읊조리십시오. 때로는 말씀 속의 내용을 상상하십시오. 무엇보다 말씀 안에서 우리를 기다리시는 하나님을 만나고, 하나님을 바라보면서 기도하십시오. 그때 우리는 말씀의 맛을 알고 그 맛을 알아가며 하나님께 기도할 수 있습니다.
  잔느 귀용은 「예수 그리스도를 깊이 체험하기」란 책에서 말씀으로 기도하는 방법을 가르쳐 줍니다. 그는 말씀으로 기도하기 위해서는 성경을 빨리 읽지 말고, 조금 느린 속도로 읽을 것을 권면합니다. 그리고 읽고 있는 내용을 깨달은 후 그 다음 내용으로 넘어가라고 말합니다. 그때 말씀 속에 담긴 깊은 맛을 경험하며, 그 깊은 맛을 따라 기도하게 된다는 것입니다.

"성경으로 기도하기"는 성경을 얼마나 많이 읽었는가에 따라서가 아니라 성경을 읽는 방식에 따라서 평가된다.
성경을 빨리 읽는다면 얻는 유익이 적게 될 것이다. 당신은 꽃의 표면만을 스치고 지나간 꿀벌처럼 될 것이다. 그러나 이와 같이 기도하면서 성경을 읽는 새로운 방법에서는 꽃의 깊은 부분들에까지 찾아 들어가는 꿀벌같이 될 것이다. 당신은 꽃의 가장 깊은 곳으로 들어가 그곳에 있는 단꿀을 따게 된다「예수 그리스도를 깊이 체험하기」, 생명의 말씀사, 22쪽.

또한 그는 말씀 묵상을 통해 기도하기 위해서는 말씀의 내용과 단어 속에서 예수님을 발견해야 한다고 강조합니다.

"성경으로 기도하기"에서는 당신이 읽고 있는 성경 속에서, 즉 바로 단어들 자체에서 주님을 발견하려고 하는 것이다. 그러므로 그러한 방법에서는 성경의 내용에 초점을 맞추게 된다. 당신의 목적은 성경 본문으로부터 주님에 대하여 계시하는 모든 사항들을 이끌어 내는 것이다「예수 그리스도를 깊이 체험하기」, 23쪽.

말씀과 더불어 기도할 때, 기도는 놀라운 힘을 발휘합니다. 그리고 묵상의 목표인 예수님을 바라보며, 예수님의 아름다움 안에서 즐거워하게 됩니다.

묵상이 깊어지면 우리 입술은 하나님을 찬양하게 됩니다

　찬송가 가사를 보지 않고 찬양할 수 있으려면 가사를 다 외워야 합니다. 그 과정에서 중요한 것은 반복입니다. 모든 탁월함은 반복에서 비롯됩니다. 반복의 지루함을 극복하지 않으면 탁월함에 이를 수 없습니다.

　어린아이가 처음 엄마, 아빠라고 부르려면 3천 번을 반복해서 불러야 그 단어가 혀에 새겨져서 자연스럽게 부르게 된다고 합니다. 모든 자연스러움은 반복을 통해 경지에 이를 때만 가능한 것입니다.

　김연아 선수는 모든 동작을 아주 자연스럽게 소화합니다. 어떻게 그럴 수 있을까요? 그 해답은 집중과 반복입니다. 김연아 선수는 한 동작을 몸에 익히기 위해 천 번, 만 번의 엉덩방아를 찧으며 연습했다고 합니다. 운동 선수들은 수없이 반복되는 연습을 통해 탁월함의 경지에 이르게 됩니다. 가수들이 음반 작업을 할 때 수천 번 노래하며 곡을 입과 몸에 익힙니다. 하나님은 모세에게 말씀을 주시고, 그 말씀을 노래로 써서 이스라엘 자손에게 가르치게 하셨습니다.

"그러므로 모세가 그날 이 노래를 써서 이스라엘 자손들에게 가르쳤더라"신 31:22.
"그리고 모세가 이스라엘 총회에 이 노래의 말씀을 끝까지 읽어 들리니라"신 31:30.

말씀을 반복해서 묵상하면 그 말씀은 우리의 혀에 기억됩니다. 어느 순간 자신도 모르게 콧노래가 나오면서 말씀을 통해 기도하고 찬양하게 됩니다. 시편을 기록한 사람들은 하나님의 말씀을 묵상할 뿐 아니라 말씀을 통해 기도하고 노래했습니다.

"내가 나그네 된 집에서 주의 율례들이 나의 노래가 되었나이다"시 119:54.
"주께서 율례를 내게 가르치시므로 내 입술이 주를 찬양하리이다"시 119:171.
"주의 모든 계명들이 의로우므로 내 혀가 주의 말씀을 노래하리이다"시 119:172.

"골수와 기름진 것을 먹음과 같이 나의 영혼이 만족할 것이라 나의 입이 기쁜 입술로 주를 찬송하되"시 63:5.

우리가 하나님께 올려 드릴 입술의 열매는 찬송의 제사입니다.

"그러므로 우리는 예수로 말미암아 항상 찬송의 제사를 하나님께 드리자 이는 그 이름을 증언하는 입술의 열매니라"히 13:15.

가능한 일찍부터 성경을 암송하고 묵상하는 법을 배우고 자녀들에게 가르쳐야 합니다. 교회에서 좋은 찬양을 가르쳐야 합니다. 노래가 된 말씀, 노래가 된 기도, 노래가 된 찬양은 우리 몸에서 영원히 떠나지 않게 됩니다.

하나님이 선택하신 히브리적 묵상법을 통해 우리는 하나님의 지혜를 배우게 됩니다. 하나님의 말씀을 종일 소리 내어 읊조리는 것은 정말 탁월한 묵상법이며 학습법입니다. 우리의 생각과 의식과 마음과 언어를 변화시키는 놀라운 원리입니다. 또한 더욱 깊은 기도와 찬양으로 들어갈 수 있는 하나님의 방법입니다.

지속적으로 성경을 통독하십시오. 동시에 짧은 말씀을 깊이 묵상하는 시간을 가지십시오. 성경 한 절을 선택해서, 그 구절을 반복해서 소리 내어 읊조리도록 하십시오. 충분히 암송할 때까지 그리 하십시오. 암송한 후에는 계속해서 그 말씀을 숙고하십시오. 말씀의 내용을 잘 이해하지 못하더라도 당황하지 마십시오. 음식의 맛도 차츰 알아가듯이 말씀에 대한 이해도 차츰 알아가며 깊어지는 것입니다. 그때 말씀을 더욱 사랑하고, 즐거워하게 됩니다.

말씀 묵상을 통해 더욱 깊이 기도하십시오. 하나님을 더욱 앙망하고 찬양하십시오. 하나님의 말씀이 노래가 될 때, 우리는 몸을 움직이며 기도하고, 춤을 추며 찬양하게 될 것입니다. 두 손을 들고 기도하고, 찬양하게 될 것입니다.

하나님이 선택하신 히브리적 묵상법보다 더 탁월한 학습법은 없습니다. 이 학습법에 담긴 원리와 기술을 부디 배우고 터득해서 자녀들에게 가르치십시오. 이를 통해 우리와 우리의 후손이 영원히 복을 받고 하나님께 큰 영광을 돌릴 수 있기를 바랍니다.

· 말씀 묵상과 경외함의 영성 ·

하나님 경외함을 즐거워하십시오

"그의 위에 여호와의 영 곧 지혜와 총명의 영이요 모략과 재능의 영이요 지식과 여호와를 경외하는 영이 강림하시리니 그가 여호와를 경외함으로 즐거움을 삼을 것이며 그의 눈에 보이는 대로 심판하지 아니하며 그의 귀에 들리는 대로 판단하지 아니하며" 사 11:2-3.

말씀 묵상의 영성은
하나님을 경외하는 영성입니다

하나님은 말씀 묵상을 통해 지식과 지혜를 주십니다. 하나님의 지식과 지혜는 우리의 삶을 풍성하게 합니다. 지식은 정보와 다릅니다. 정보를 많이 소유했다고해서 그를 지식인이라고는 말할 수 없습니다. 지식은 많은 정보를 분별하고 선별하는 능력입니다. 많이 아는 것이 중요한 것이 아니라, 중요한 것을 아는 것이 중요합니다.

지혜란 좋은 지식을 우리 삶 속에 적용하는 능력입니다. 좋은 지식을 소유했다 할지라도 삶에 적용하지 못하고, 실천하지 못한다면 그 지식은 쓸모가 없다고 해도 과언이 아닙니다. 지식은 엄청난 잠재력을 가지고 있습니다. 하지만 그 잠재력은 지식을 활용할 때 우리에게 능력으로 나타납니다. 우리는 인생에서 지식과 지혜가 얼마나 중요한지 알고 있습니다.

성경은 지식과 지혜의 근본이 하나님을 경외하는 것이라고 강조합니다.

> "여호와를 경외하는 것이 지식의 근본이거늘 미련한 자는 지혜와 훈계를 멸시하느니라"잠 1:7.
>
> "여호와를 경외하는 것이 지혜의 근본이요 거룩하신 자를 아는 것이 명철이니라"잠 9:10.

하나님을 경외하는 것이 지식의 근본이요, 지혜의 근본입니다. 이를 깨닫게 되면 모든 것의 근본이 하나님을 경외하는 것임을 알게 됩니다.

하나님을 경외하는 데서 우리 신앙과 인생이 시작되는 것입니다. 솔로몬이 쓴 전도서는 인생에 대해 잘 가르쳐 주는 책입니다. 이 책의 마지막 결론을 보십시오.

> "일의 결국을 다 들었으니 하나님을 경외하고 그의 명령들을 지킬지어다 이것이 모든 사람의 본분이니라"전 12:13.

그는 하나님을 경외하고 그의 명령들을 지키는 것이 모든 사람의 본분임을 강조하며 전도서를 마무리합니다. '본분'은 사람이 마땅히 지켜야 할 '도리'를 뜻합니다. 그래서 지식과 지혜의 근본이요, 모든 사람의 본분인 하나님을 경외하는 법을 배우는 것은 아주 중요합니다. 다윗은 하나님을 경외한 사람입니다. 하나님을 경외함으로 차고 넘치는 복을 받은 사람입니다. 그는 하나님을 경외함을 말씀을 통해 배웠습니다.

"여호와를 경외하는 도는 정결하여 영원까지 이르고 여호와의 법도 진실하여 다 의로우니"시 19:9.

하나님을 경외하는 법을 배우는 것은 참으로 복된 일입니다. 하나님을 경외하는 법을 배울 때 우리는 하나님이 예비하신 놀라운 복을 받아 누리게 됩니다.

하나님을 경외하는 자는 예비하신 축복을 누립니다

하나님은 성경에 많은 복을 약속하셨습니다. 그중에서 하나님을 경외하는 사람을 위해 쌓아두신 복과 은혜는 우리의 상상을 초월합니다. 하나님은 이스라엘 백성들을 애굽에서 이끌어 내신 후 다음과 같이 말씀하셨습니다.

> "이는 곧 너희의 하나님 여호와께서 너희에게 가르치라고 명하신 명령과 규례와 법도라 너희가 건너가서 차지할 땅에서 행할 것이니 곧 너와 네 아들과 네 손자들이 평생에 네 하나님 여호와를 경외하며 내가 너희에게 명한 그 모든 규례와 명령을 지키게 하기 위한 것이며 또 네 날을 장구하게 하기 위한 것이라" 신 6:1-2.

이 말씀을 주의 깊게 읽으면 하나님이 말씀을 통해 가르치시고자 하는 핵심을 간파할 수 있습니다. 그것은 이스라엘 백성들이 평생 하나님을 경외하며, 하나님의 말씀을 지켜 행함으로 복을 누리는 것입니다.

> "이스라엘아 듣고 삼가 그것을 행하라 그리하면 네가 복을 받고 네 조상들의 하나님 여호와께서 네게 허락하심 같이 젖과 꿀이 흐르는 땅에서 네가 크게 번성하리라" 신 6:3.

하나님을 경외하고, 그분의 말씀을 지켜 행하는 자에게 하나님은 축복과 번성을 약속하셨습니다. 그래서 하나님은 거듭 이스라엘 백성들을 향해 하나님을 경외하고, 하나님의 도를 행하며, 하나님을 사랑하라고 요구하시는 것입니다.

> "이스라엘아 네 하나님 여호와께서 네게 요구하시는 것이 무엇이냐 곧 네 하나님 여호와를 경외하여 그의 모든 도를 행하고 그를 사랑하며 마음을 다하고 뜻을 다하여 네 하나님 여호와를 섬기고 내가 오늘 네 행복을 위하여 네게 명하는 여호와의 명령과 규례를 지킬 것이 아니냐" 신 10:12-13.

하나님이 그분의 백성들로 하여금 하나님을 경외하라고 하신 이유는 그들이 행복한 삶을 살기 원하시기 때문입니다. 하나님을 경외할 때, 하나님의 백성은 복을 받고 행복하게 되기 때문입니다. 하나님은 신명기를 통해 장차 왕이 될 사람이 반드시 주의해야 할 것과 행해야 할 것을 말씀하셨습니다. 그중 하나가 바로 하나님의 말씀을 늘 가까이에 두고 하나님을 경외하는 법을 배우는 것입니다.

> "그가 왕위에 오르거든 이 율법서의 등사본을 레위 사람 제사장 앞에서 책에 기록하여 평생에 자기 옆에 두고 읽어 그의 하나님 여호와 경외하기를 배우며 이 율법의 모든 말과 이 규례를 지켜 행할 것이라" 신 17:18-19.

왕이 되어서도 언제나 하나님의 말씀을 가까이 두고, 하나님을 경외하기를 배우며 살았던 사람이 다윗입니다. 그래서 하나님은 다윗을 사랑하셨고, 그에게 차고 넘치는 복을 주셨습니다. 다윗은 하나님을 경외하는 자가 누리게 되는 복을 노래하고 가르칩니다.

> "여호와의 천사가 주를 경외하는 자를 둘러 진 치고 그들을 건지시는도다"시 34:7.
> "너희 성도들아 여호와를 경외하라 그를 경외하는 자에게는 부족함이 없도다 젊은 사자는 궁핍하여 주릴지라도 여호와를 찾는 자는 모든 좋은 것에 부족함이 없으리로다"시 34:9-10.
> "너희 자녀들아 와서 내 말을 들으라 내가 여호와를 경외하는 법을 너희에게 가르치리로다"시 34:11.

다윗은 하나님을 경외하는 중에 하나님의 천사가 그를 보호함을 경험했습니다. 부족함이 없는 축복을 누렸습니다. 그런 까닭에 그는 그의 자녀들과 하나님의 백성들에게 하나님을 경외하는 법을 가르치기를 힘썼습니다.

제게 하나님을 경외하는 것의 중요성에 대해 눈을 뜨게 해준 책이 있습니다. 조이 도우슨의 「하나님을 경외하는 마음」입니다. 하나님을 경외하는 법에 초점을 맞추어 쓴 책입니다. 저는 이 책을 읽으며 하나님을 경외하는 자에게 주어지는 놀라운 축복에 대해 알게 되었습니다. 또한 하나님을 경외하는 것이 무엇인지를 배웠습니다.

특별히 이사야 11장 2-3절을 반복해서 암송하고 묵상하는 중에 예수님에게 임하신 성령님이 바로 하나님을 경외하는 영이라는 사실을 깨닫게 되었습니다. 또한 예수님은 하나님을 경외하기를 즐거워하셨다는 진리를 깨닫게 되었습니다. 즐거움 중에 하나님을 경외하는 즐거움이 있다는 사실이 새삼 놀라웠습니다.

> "그의 위에 여호와의 영 곧 지혜와 총명의 영이요 모략과 재능의 영이요 지식과 여호와를 경외하는 영이 강림하시리니 그가 여호와를 경외함으로 즐거움을 삼을 것이며 그의 눈에 보이는 대로 심판하지 아니하며 그의 귀에 들리는 대로 판단하지 아니하며"
> 사 11:2-3.

하나님을 경외하는 것은 우리가 말씀을 통해 배워야 할 진리이지만 동시에 성령 충만한 자에게 임하는 하나님의 은혜입니다. 또한 하나님이 우리 마음에 그분을 경외하는 마음을 심어 주실 때, 누릴 수 있는 은총입니다.

> "내가 그들에게 복을 주기 위하여 그들을 떠나지 아니하리라 하는 영원한 언약을 그들에게 세우고 나를 경외함을 그들의 마음에 두어 나를 떠나지 않게 하고 내가 기쁨으로 그들에게 복을 주

되 분명히 나의 마음과 정성을 다하여 그들을 이 땅에 심으리라"
렘 32:40-41.

하나님은 그분을 경외함을 우리 마음에 새겨 두길 원하십니다. 이사야는 하나님을 경외하는 것이 곧 보배라고 합니다.

"네 시대에 평안함이 있으며 구원과 지혜와 지식이 풍성할 것이니 여호와를 경외함이 네 보배니라"사 33:6.

보배의 가치는 잘 변하지 않는 데 있습니다. 또한 보배는 수많은 좋은 것들과 교환할 수 있습니다. 그 잠재력이 무한하며, 활용 가능성이 아주 높은 것입니다. 이처럼 하나님을 경외함이 불러오는 축복은 정말 놀랐습니다.

"겸손과 여호와를 경외함의 보상은 재물과 영광과 생명이니라"
잠 22:4.
"네 마음으로 죄인의 형통을 부러워하지 말고 항상 여호와를 경외하라 정녕히 네 장래가 있겠고 네 소망이 끊어지지 아니하리라"잠 23:17-18.

다윗은 하나님을 경외하는 자에게 예비된 축복에 대해 다음과 같이 노래합니다.

> "주를 두려워하는 자를 위하여 쌓아 두신 은혜 곧 주께 피하는 자를 위하여 인생 앞에 베푸신 은혜가 어찌 그리 큰지요"시 31:19.

하나님을 경외하는 자를 위해 하늘에 놀라운 은혜를 쌓아 두시고, 필요할 때마다 부어 주시겠다는 것입니다. 정말 놀라운 약속의 말씀입니다.

말씀을 통해 하나님을 경외하는 법을 배우십시오

우리가 무엇이든 중요한 것을 배울 때는 거듭 성경으로 돌아가야 합니다. 성경은 하나님을 경외하는 것이 무엇인지를 가르쳐 줍니다. 또한 하나님을 경외하는 사람들의 삶을 통해 그들이 어떻게 하나님을 경외했으며, 그들이 어떤 축복을 받았는지를 배우게 됩니다.

먼저 하나님을 경외한다는 것은 그분을 무서워한다는 뜻이 아닙니다. '두려움'에는 두 가지가 있습니다. 우리에게 도움이 되는 두려움이 있고, 도움이 되지 않는 두려움이 있는데 하나님을 경외하는 것은 전자입니다. 우리에게 도움이 되는 성스러운 두려움입니다. 경건한 두려움입니다. 하나님을 사랑하면서도 그분을 함부로 대하지 않는 태도를 의미합니다. 하나님을 사랑하면서도 그분을 어려워하는 것을 의미합니다. 하나님을 존귀히 여기는 것을 의미합니다. 하나님의 말씀을 가볍게 대하거나 그 말씀을 업신여기지 않고, 존중하는 것을 의미합니다. 하나님을 존중하는 까닭에 그분의 말씀을 경청하고, 그 말씀에 순종하는 것을 의미합니다. 하나님의 말씀을 늘 마음에 새기는 것을 의미합니다. 하나님의 말씀에 불순종했을 때, 회개하고 다시 그분의 품에 안기는 것을 의미합니다.

또한 하나님을 경외한다는 것은 경건한 자세를 갖는 것입니다. 경건이란 거룩한 애정을 가지고 하나님을 사랑하는 것을 의미합니다. 모든 것을 내려놓고 오직 하나님을 사랑하는 태도를 의미합니다. 하나님의 사랑을 최우선에 두는 태도를 의미합니다. 하나님이 기름 부어 세우신 종들을 귀히 여기고 그들을 사랑하고 존중하는 것도 하나님을 경외할 때 나오는 태도입니다. 하나님이 그들을 부르셨고, 그들에게 기름을 부으시며 특별한 임무를 맡기셨다는 것을 인정하는 것이 곧 하나님을 경외하는 것입니다. 좀 더 구체적으로 어떻게 하나님을 경외해야 하는지를 살펴보겠습니다.

첫째, 하나님을 경배함으로 그분을 경외하십시오

하나님을 경외한다는 것은 무엇보다 성삼위 하나님의 존재 자체를 경외하는 것입니다. 다시 말해 경건하게 하나님을 예배하는 것입니다.

"오직 나는 주의 풍성한 사랑을 힘입어 주의 집에 들어가 주를 경외함으로 성전을 향하여 예배하리이다"시 5:7.

하나님을 경배하기 위해 무엇보다 필요한 것이 하나님에 대한 올바른 지식입니다. 하나님이 어떤 분이신가를 알 때, 우리는 진정으로 하나님을 경외하며 그분께 경배와 찬양을 드릴 수 있습니다.

"오라 우리가 여호와께 노래하며 우리의 구원의 반석을 향하여 즐거이 외치자 우리가 감사함으로 그 앞에 나아가며 시를 지어 즐거이 그를 노래하자 여호와는 크신 하나님이시요 모든 신들보다 크신 왕이시기 때문이로다 땅의 깊은 곳이 그의 손 안에 있으며 산들의 높은 곳도 그의 것이로다 바다도 그의 것이라 그가 만드셨고 육지도 그의 손이 지으셨도다 오라 우리가 굽혀 경배하며 우리를 지으신 여호와 앞에 무릎을 꿇자 그는 우리의 하나님이시요 우리는 그가 기르시는 백성이며 그의 손이 돌보시는 양이기 때문이라 너희가 오늘 그의 음성을 듣거든"시 95:1-7.

시편 95편에는 하나님이 어떤 분이신지 잘 기록되어 있습니다.

하나님은 구원의 반석이십니다. 하나님은 왕이시며 창조주이시며 모든 만물을 소유하시고, 통치하시는 분이십니다. 하나님은 우리의 목자이십니다. 다윗은 모든 군왕들과 재판관들에게 하나님을 경외하고 섬기며 즐거워하라고 권면합니다.

"그런즉 군왕들아 너희는 지혜를 얻으며 세상의 재판관들아 너희는 교훈을 받을지어다 여호와를 경외함으로 섬기고 떨며 즐거워할지어다"시 2:10-11.

우리가 하나님의 능력과 그 솜씨를 제대로 안다면 그분을 경외하지 않을 수 없습니다. 하나님의 지혜와 명철을 경외하지 않을 수 없습니다. 하나님의 공의로우심을 경외하지 않을 수 없습니다. 또한 하나님의 놀라운 사랑과 인자하심과 긍휼하심을 경외하지 않을 수 없습니다.

둘째, 하나님의 이름을 존귀히 여김으로 그분을 경외하십시오

하나님과 그분의 이름은 항상 함께 역사합니다. 하나님을 경외한 사람들은 그분의 이름의 비밀을 알았습니다. 그들은 하나님의 이름을 경외하고, 찬양하고, 선포했습니다. 그리고 그 이름을 자랑하고 변호했습니다. 하나님은 십계명에서 분명히 그분의 이름을 망령되게 부르지 말라고 명하셨습니다.

"너는 네 하나님 여호와의 이름을 망령되게 부르지 말라 여호와는 그의 이름을 망령되게 부르는 자를 죄 없다 하지 아니하리라"
출 20:7.

하나님이 다윗을 사랑하신 이유 중 하나는 다윗이 하나님의 이름을 존귀히 여겼기 때문입니다. 그래서 그는 하나님의 이름을 모욕한 골리앗을 향해 전쟁을 선포합니다.

"다윗이 블레셋 사람에게 이르되 너는 칼과 창과 단창으로 내게 나아오거니와 나는 만군의 여호와의 이름 곧 네가 모욕하는 이스라엘 군대의 하나님의 이름으로 네게 나아가노라"삼상 17:45.

또한 다윗은 하나님의 이름을 높였습니다. 하나님의 아름다운 이름을 찬양했습니다.

"여호와 우리 주여 주의 이름이 온 땅에 어찌 그리 아름다운지요 주의 영광이 하늘을 덮었나이다"시 8:1.

그리고 하나님의 이름을 의지하고 자랑했습니다.

"어떤 사람은 병거, 어떤 사람은 말을 의지하나 우리는 여호와 우리 하나님의 이름을 자랑하리로다"시 20:7.

또한 그는 하나님의 이름에 합당한 영광을 돌리길 원했습니다. 모든 영광을 하나님의 이름에만 돌리길 원했습니다.

"여호와의 이름에 합당한 영광을 그에게 돌릴지어다 예물을 들고 그의 궁정에 들어갈지어다"시 96:8.
"여호와여 영광을 우리에게 돌리지 마옵소서 우리에게 돌리지 마옵소서 오직 주는 인자하시고 진실하시므로 주의 이름에만 영광을 돌리소서"시 115:1.

하나님은 그분을 경외하고, 그분의 이름을 존귀히 여기는 사람들을 특별히 대하십니다. 구약 성경의 마지막에 나오는 말라기는 하나님을 경외하는 것에 대해 많은 교훈을 줍니다.

"레위와 세운 나의 언약은 생명과 평강의 언약이라 내가 이것을 그에게 준 것은 그로 경외하게 하려 함이라 그가 나를 경외하고 내 이름을 두려워하였으며"말 2:5.
"그때에 여호와를 경외하는 자들이 피차에 말하매 여호와께서 그것을 분명히 들으시고 여호와를 경외하는 자와 그 이름을 존중히 여기는 자를 위하여 여호와 앞에 있는 기념책에 기록하셨느니라"말 3:16.

"내 이름을 경외하는 너희에게는 공의로운 해가 떠올라서 치료하는 광선을 비추리니 너희가 나가서 외양간에서 나온 송아지 같이 뛰리라"말 4:2.

셋째, 말씀을 존귀히 여기고, 그 말씀에 순종함으로 그분을 경외하십시오

다윗은 하나님을 경외하고, 그분의 이름과 말씀을 경외했습니다. 다윗은 하나님의 말씀을 보배처럼 여겼습니다. 하나님의 말씀이 지혜를 주고, 죄악을 멀리하도록 이끄는 것을 알았습니다. 하나님의 말씀이 그를 정결케 하고, 생명을 주고, 상을 주는 것을 알았습니다. 다윗처럼 하나님의 말씀을 귀히 여기고 찬양한 사람을 찾아보기 어렵습니다.

"여호와의 율법은 완전하여 영혼을 소성시키며 여호와의 증거는 확실하여 우둔한 자를 지혜롭게 하며 여호와의 교훈은 정직하여 마음을 기쁘게 하고 여호와의 계명은 순결하여 눈을 밝게 하시도다 여호와를 경외하는 도는 정결하여 영원까지 이르고 여호와의 법도 진실하여 다 의로우니 금 곧 많은 순금보다 더 사모할 것이며 꿀과 송이꿀보다 더 달도다 또 주의 종이 이것으로 경고를 받고 이것을 지킴으로 상이 크니이다 자기 허물을 능히 깨달을 자 누구리요 나를 숨은 허물에서 벗어나게 하소서 또 주의 종에게 고의로 죄를 짓지 말게 하사 그 죄가 나를 주장하지 못하게 하소서 그리하면 내가 정직하여 큰 죄과에서 벗어나겠나이다 나의 반석이시요 나의 구속자이신 여호와여 내 입의 말과 마음의 묵상이 주님 앞에 열납되기를 원하나이다"시 19:7-14.

하나님은 말씀을 존중하고 경외하는 사람을 돌보아 주십니다. 그가 부끄러움을 당하지 않도록 도와주십니다.

"나 여호와가 말하노라 내 손이 이 모든 것을 지었으므로 그들이 생겼느니라 무릇 마음이 가난하고 심령에 통회하며 내 말을 듣고 떠는 자 그 사람은 내가 돌보려니와"사 66:2.
"여호와의 말씀으로 말미암아 떠는 자들아 그의 말씀을 들을지어다 이르시되 너희 형제가 너희를 미워하며 내 이름으로 말미암아 너희를 쫓아내며 이르기를 여호와께서는 영광을 나타내사 너희 기쁨을 우리에게 보이시기를 원하노라 하였으나 그들은 수치를 당하리라 하셨느니라"사 66:5.

선지자 에스라는 하나님의 말씀으로 말미암아 떨고, 그 말씀을 준행하는 사람들에 대해 기록하고 있습니다.

"이에 이스라엘의 하나님의 말씀으로 말미암아 떠는 자가 사로잡혔던 이 사람들의 죄 때문에 다 내게로 모여오더라 내가 저녁 제사 드릴 때까지 기가 막혀 앉았더니"스 9:4.

"곧 내 주의 교훈을 따르며 우리 하나님의 명령을 떨며 준행하는 자의 가르침을 따라 이 모든 아내와 그들의 소생을 다 내보내기로 우리 하나님과 언약을 세우고 율법대로 행할 것이라"스 10:3.

하나님의 말씀 앞에 떨 줄 아는 것은 참으로 아름다운 일입니다. 하나님의 말씀을 가볍게 여기는 사람은 복을 받을 수 없습니다. 소돔과 고모라가 멸망할 때, 롯은 그의 딸들과 사위들에게 하나님의 말씀을 전했습니다. 그때 롯의 사위들은 그 말씀을 농담으로 여겼습니다. 그래서 그들은 소돔과 고모라에서 멸망을 당했습니다.

"롯이 나가서 그 딸들과 결혼할 사위들에게 말하여 이르기를 여호와께서 이 성을 멸하실 터이니 너희는 일어나 이곳에서 떠나라 하되 그의 사위들이 농담으로 여겼더라"창 19:14.

애굽 사람들 가운데 하나님이 우박의 재앙을 내리신다는 말씀을 듣고, 그 말씀을 두려워한 사람들은 그들의 종과 가축을 집으로 피신시켰습니다. 반면에 하나님의 말씀을 마음에 두지 않은 사람들은 들에 그대로 두어 재앙을 면치 못했습니다.

"바로의 신하 중에 여호와의 말씀을 두려워하는 자들은 그 종들과 가축을 집으로 피하여 들였으나 여호와의 말씀을 마음에 두지 아니하는 사람은 그의 종들과 가축을 들에 그대로 두었더라" 출 9:20-21.

아브라함은 하나님이 그에게 이삭을 바치라고 명하셨을 때, 그 말씀에 순종했습니다. 하나님은 그런 아브라함의 믿음을 인정하시고, 칭찬하셨습니다.

"사자가 이르시되 그 아이에게 네 손을 대지 말라 그에게 아무 일도 하지 말라 네가 네 아들 네 독자까지도 내게 아끼지 아니하였으니 내가 이제야 네가 하나님을 경외하는 줄을 아노라" 창 22:12.

또한 그에게 놀라운 복을 부어 주셨습니다.

"이르시되 여호와께서 이르시기를 내가 나를 가리켜 맹세하노니 네가 이같이 행하여 네 아들 네 독자도 아끼지 아니하였은즉 내가 네게 큰 복을 주고 네 씨가 크게 번성하여 하늘의 별과 같고 바닷가의 모래와 같게 하리니 네 씨가 그 대적의 성문을 차지하리라 또 네 씨로 말미암아 천하 만민이 복을 받으리니 이는 네가 나의 말을 준행하였음이니라 하셨다 하니라" 창 22:16-18.

하나님을 경외하고, 하나님의 말씀을 경외할 때, 사람을 두려워하지 아니하고 악에서 떠나게 됩니다. 요셉은 하나님을 경외했습니다. 그런 까닭에 그는 보디발 아내의 유혹을 물리치고 악에서 떠날 수 있었습니다.

> "이 집에는 나보다 큰 이가 없으며 주인이 아무것도 내게 금하지 아니하였어도 금한 것은 당신뿐이니 당신은 그의 아내임이라 그런즉 내가 어찌 이 큰 악을 행하여 하나님께 죄를 지으리이까"창 39:9.

이것이 하나님을 경외하는 요셉의 태도입니다. 또한 요셉은 형제들에게도 자신은 하나님을 경외하는 사람이라고 고백합니다.

> "사흘 만에 요셉이 그들에게 이르되 나는 하나님을 경외하노니 너희는 이같이 하여 생명을 보전하라"창 42:18.

요셉은 범사에 하나님을 경외했습니다. 꿈을 해석해 달라는 바로의 부탁을 받은 요셉의 고백은 참으로 아름답습니다.

> "요셉이 바로에게 대답하여 이르되 내가 아니라 하나님께서 바로에게 편안한 대답을 하시리이다"창 41:16.

하나님은 이토록 하나님을 경외하는 요셉에게 성령 충만을 허락하셨고, 명철과 지혜를 주셨습니다. 재물과 영광과 생명을 부어 주셨습니다. 하나님을 경외하는 것이 축복이 되는 까닭은 그것이 다양한 방법으로 우리를 복되게 하기 때문입니다. 우리가 잘될 수 있도록, 또한 악에서 떠날 수 있도록 도와주는 것입니다.

"스스로 지혜롭게 여기지 말지어다 여호와를 경외하며 악을 떠날지어다"잠 3:7.
"여호와를 경외하는 자에게는 견고한 의뢰가 있나니 그 자녀들에게 피난처가 있으리라 여호와를 경외하는 것은 생명의 샘이니 사망의 그물에서 벗어나게 하느니라"잠 14:26-27.

넷째, 기름 부음 받은 자를 존귀히 여김으로 하나님을 경외하십시오
하나님은 그분이 기름 부은 자를 손대지 말며 해하지 말라고 명하셨습니다. 다윗은 그 말씀에 순종함으로 하나님을 경외했습니다.

"이르시기를 나의 기름 부은 자를 손대지 말며 나의 선지자들을 해하지 말라 하셨도다"시 105:15.

다윗은 하나님의 말씀을 통해 경고를 받았고, 그것을 지킴으로 상을 받았습니다. 구약에서 하나님이 기름 부으신 대상은 왕과 제사장과 선지자였습니다. 하나님을 경외한다는 것은 하나님이 정해 주신 경계를 알고 지키는 것입니다. 다윗의 생애를 깊이 묵상해 보면, 그가 얼마나 삶 속에서 하나님을 경외했는지를 알 수 있습니다. 그는 하나님께 최상의 예배를 드렸습니다. 그는 하나님의 이름을 높여 드렸습니다. 하나님의 말씀을 경외하며, 그 말씀에 순종했습니다. 다윗은 그를 괴롭힌 사울 왕을 죽일 기회가 있었지만, 죽이지 않았습니다. 그가 하나님의 기름 부음을 받은 자였기 때문입니다.

> "자기 사람들에게 이르되 내가 손을 들어 여호와의 기름 부음을 받은 내 주를 치는 것은 여호와께서 금하시는 것이니 그는 여호와의 기름 부음을 받은 자가 됨이니라 하고"삼상 24:6.
>
> "여호와께서 사람에게 그의 공의와 신실을 따라 갚으시리니 이는 여호와께서 오늘 왕을 내 손에 넘기셨으되 나는 손을 들어 여호와의 기름 부음을 받은 자 치기를 원하지 아니하였음이니이다"삼상 26:23.

사울 왕은 하나님의 기름 부음을 받은 제사장과 선지자를 죽였습니다. 하지만 다윗은 그들을 존귀히 여겼고, 그들의 말에 순종했습니다. 특별히 나단 선지자가 그를 책망했을 때, 그는 하나님 앞에 회개함으로 용서를 받았습니다. 그렇게 다윗은 하나님을 경외하는 자의 본이 되었고, 그의 백성들을 가르쳤습니다.

다윗은 하나님보다 앞서지 않고 무슨 일이든지 하나님께 여쭈었습니다. 블레셋과 전쟁을 시작하기 전에도 그는 하나님께 물었습니다.

> "이에 다윗이 여호와께 묻자와 이르되 내가 가서 이 블레셋 사람들을 치리이까 여호와께서 다윗에게 이르시되 가서 블레셋 사람들을 치고 그일라를 구원하라 하시니"삼상 23:2.

사울 왕이 죽었을 때도 하나님께 기도한 후에 움직입니다.

> "그 후에 다윗이 여호와께 여쭈어 아뢰되 내가 유다 한 성읍으로 올라가리이까 여호와께서 이르시되 올라가라 다윗이 아뢰되 어디로 가리이까 이르시되 헤브론으로 갈지니라"삼하 2:1.

하나님을 경외한다는 것은 하나님의 말씀과 하나님이 기름 부으신 사람들보다 앞서지 않는 것입니다. 하나님의 뜻과 때를 잘 분별해서 행동하는 것입니다. 자신의 위치를 알고, 그 위치를 잘 지키는 것도 하나님을 경외하는 방법 중 하나입니다.

하나님을 경외함으로 하나님과 친밀한 교제를 나누도록 하십시오

예수님은 하나님 아버지를 경외하는 것을 기뻐하셨습니다. 예수님은 하나님 아버지와 친밀한 교제를 나누는 것을 즐거워하셨습니다. 하나님을 경외할 때, 우리 역시 하나님과 친밀한 교제 속으로 들어가게 됩니다.

"여호와의 친밀하심이 그를 경외하는 자들에게 있음이여 그의 언약을 그들에게 보이시리로다"시 25:14.

그리고 그때 하나님은 그분의 언약을 우리에게 보여 주십니다. 계시해 주십니다. 세상의 모든 문제는 우리의 영적인 눈이 어두워진 데서 시작합니다. 보지만 보지 못하고, 듣지만 듣지 못하고, 깨닫지 못하는 데서 비롯됩니다. 그것은 바로 우리의 죄 때문입니다. 죄로 인해 모든 감각이 어두워졌기 때문입니다. 우리의 감각을 회복하는 길은 하나님과 그분의 말씀을 경외하는 것입니다. 그때 우리의 모든 감각이 살아납니다. 영적인 눈이 열립니다. 하나님을 경외함으로 악에서 떠나게 될 때, 우리는 잃어버린 총명을 회복할 수 있습니다. 새로운 통찰력을 갖게 됩니다.

하나님을 경외하는 일에 관심을 가지십시오. 하나님을 경외하도록 권면하는 말씀을 공부하십시오. 하나님을 경외하는 자에게 약속하신 축복의 말씀을 암송하십시오. 그 말씀을 따라 순종하고, 간구하십시오. 하나님을 경외하는 영이신 성령님의 도우심을 받으십시오. 하나님을 경외하는 법을 자녀들에게 가르치십시오. 하나님을 경외하는 중에 하나님의 축복이 어떻게 임하는지를 경험하십시오.

하나님을 경외하는 자에게 약속하신 말씀을 묵상할 때마다 감탄하지 않을 수 없습니다. 하나님을 경외하는 것이 얼마나 놀라운 축복인지를 깨닫게 됩니다.

"여호와를 경외하는 자들아 너희는 여호와를 의지하여라 그는 너희의 도움이시요 너희의 방패시로다"시 115:11.

"높은 사람이나 낮은 사람이나 막론하고 여호와를 경외하는 자들에게 복을 주시리로다 여호와께서 너희를 곧 너희와 너희 자손을 더욱 번창하게 하시기를 원하노라 너희는 천지를 지으신 여호와께 복을 받는 자로다"시 115:13-15.

교회도 하나님을 경외할 때 부흥하게 됩니다.

"그리하여 온 유대와 갈릴리와 사마리아 교회가 평안하여 든든히 서 가고 주를 경외함과 성령의 위로로 진행하여 수가 더 많아지니라"행 9:31.

하나님을 경외하는 것이 지식의 근본이요, 지혜의 근본임을 거듭 가슴에 새기십시오. 예수님처럼 하나님을 경외하는 것을 즐거워하는 경지에 이르기를 소원합니다. 그것이 우리와 자녀들, 그리고 민족이 사는 길입니다. 열방이 사는 길입니다.

· 말씀 묵상과 느림의 영성 ·

말씀을 음미함으로
'느림과 기다림'을 배우십시오

"노하기를 더디 하는 자는 용사보다 낫고 자기의 마음을 다스리는 자는 성을 빼앗는 자보다 나으리라"잠 16:32.

말씀 묵상을 통해
느림의 영성을 배우게 됩니다

　말씀을 묵상한다는 것은 말씀 앞에 머무는 것입니다. 말씀 앞에 머물러 말씀을 음미하는 것이 묵상입니다. 말씀을 묵상하기 위해서는 조급하거나 서둘러서는 안 됩니다.
　우리는 속도가 우상화된 시대 속에 살고 있습니다. 빨리 성공하고, 빨리 성취하고, 빨리 이기는 사람이 박수를 받는 시대 속에 살고 있습니다. 느린 사람이 무시를 당하고, 멸시를 당하는 시대 속에 살고 있습니다. 빠르고, 바쁜 것이 성공의 표상이 되고 만 것입니다. 속도의 뿌리 속에는 인간의 무서운 탐욕이 담겨 있습니다. 더 많은 것을, 더 빨리 움켜쥐려는 욕망이 담겨 있습니다. 그 결과

생태계와 가정이, 그리고 인간의 존엄성이 파괴되었습니다.

우리는 스마트폰을 통해 스마트해진 것이 아니라 더욱 조급하고 성미 급한 사람이 됐습니다. 기다리지 못하고, 조금만 불편해도 화를 내고 짜증을 내는 사람이 됐습니다. 우리는 이제 속도를 늦춰야 합니다. 송용구 교수는 느림을 통해 광속의 질주에 저항하라고 권면합니다.

> 지난 반세기 동안 인류는 물질의 풍요와 윤택을 꿈꾸며 미래의 소돔성을 향해 급진적 질주를 멈추지 않았다. 자연은 그 질주를 가속화시켜줄 도구였을 뿐이다. 찬란한 황금의 월계관을 얻기 위해 영혼을 저당 잡힌 현대인들은 자연을 향해 열려 있는 수많은 생명의 길들을 질주의 길 속에 파묻어 버렸다.
> 지금은 이러한 광속의 질주에 대해 저항이 필요한 때이다. 그 저항의 방식은 다름 아닌 '느림'의 행보이다. '느림'의 행보는 물질적 욕망에 사로잡힌 현대인들의 집단의식에 동참하는 것을 거부하는 행위이다. 시인들의 느린 걸음은 결코 낙오도 패배도 아니다. 그것은 욕망을 포기하는 자발적 행위이며 물신物神의 노예가 되는 것을 혐오하는 저항 행위이다. 그것은 광속의 질주자들에 의해 소외된 주변 세계와 더불어 조화를 모색하는 행위이다. 질주의 소용돌이에 휩쓸려 사라져 가는 수많은 생명체들을 끌어안고 그들과 보이지 않는 교감을 나누는 것을 의미한다「느림과 기다림의 시학」, 새미, 21쪽.

잠언은 지혜서입니다. 잠언을 묵상하면서 우리는 느림의 지혜, 느림이 주는 축복을 배울 수 있습니다.

"노하기를 더디 하는 자는 용사보다 낫고 자기의 마음을 다스리는 자는 성을 빼앗는 자보다 나으니라" 잠 16:32.
"노하기를 더디 하는 자는 크게 명철하여도 마음이 조급한 자는 어리석음을 나타내느니라" 잠 14:29.

우리는 이 말씀처럼 노하기를 더디 하는 영성을 추구해야 합니다. 느림의 영성을 추구해야 하는 것입니다.

하나님은 말씀 묵상을 통해 느림의 영성을 가르쳐 주십니다

하나님의 지혜는 묵상의 지혜입니다. 묵상의 지혜는 느림의 지혜입니다. 서두르지 않고 기다리는 지혜입니다. 숙고하는 지혜입니다. 성경에서 우리는 결코 서두르지 않고 기다리시는 하나님을 만나게 됩니다.

"그러나 여호와께서 기다리시나니 이는 너희에게 은혜를 베풀려 하심이요 일어나시리니 이는 너희를 긍휼히 여기려 하심이라 대저 여호와는 정의의 하나님이심이라 그를 기다리는 자마다 복이 있도다"_사 30:18._

하나님이 정하신 생명의 원리는 곧 기다림의 원리입니다. 한 생명이 잉태되고 자라나는 과정은 기다림의 과정입니다. 하나님이 만드신 자연은 서두르지 않습니다. 자연에는 계절이 있고, 리듬이 있습니다. 속도를 만들어 낸 것은 사람입니다. 탐욕 때문에 속도를 만들고, 탐욕을 이루지 못할 때 분노하는 것이 우리 인간입니다. 우리는 자신이 원하는 것을 빠른 시간에 더 많이 얻지 못할 때 분노합니다. 탐욕과 분노의 근원에는 분주함이 있습니다. 우리는 그것을 사랑이라고, 성공이라고 착각하며 살아갑니다. 하지만 그것은 거짓 자아가 만들어 낸 것입니다. 우리는 다시 하나님께로 돌아가야 합니다. 말씀으로 돌아가야 합니다.

"왜 사람들은 한 번도 느림의 신을 생각해내지 않았을까?"_ 페터 한트케

오늘날 우리는 속도의 신이 만들어 낸 우상을 섬기고 있습니다. 속도의 신은 사탄입니다. 하나님은 기다리시는 하나님이십니다. 하나님은 결코 돌로 떡을 만들라고 하지 않으십니다. 높은 곳에서 뛰어내려 순식간에 인기를 얻으라고 말씀하지 않으십니다. 세상의

모든 영광을 단번에 얻게 해주겠다고 말씀하지 않으십니다. 이는 모두 사탄이 예수님을 찾아와서 행했던 유혹으로, 지금도 사탄은 동일한 방법으로 우리를 유혹하고 있습니다.

우리 민족은 기다릴 줄 알았던 민족입니다. 우리 고유의 음식은 한결같이 기다림을 통해 숙성된 음식입니다. 된장, 고추장, 청국장, 간장, 김치 등 우리 몸을 유익하게 하는 음식들은 한결같이 오랜 숙성의 과정을 거친 음식입니다. 그런 우리 민족에게 패스트푸드 문화가 들어왔습니다. 우리는 다시 느림과 기다림의 아름다움을 추구해야 합니다. 이규현 목사는 「그대, 느려도 좋다」라는 책에서 기다림과 느림의 중요성을 강조합니다.

> 기다림 없이 좋은 것을 기대하는 것은 신기루에 불과하다. 세상에 감동을 주는 것들은 모두 세월을 곰삭혀 만든 시간의 작품이다. 좋은 것은 기다림을 통해서, 더 좋은 것은 더 긴 기다림을 통해서 만들어지는 법이다. '좀 더 빨리'라는 유혹은 쉽게 떨쳐 버리기 힘들다. 사람들은 느림을 퇴보처럼 여긴다. 그러나 느림은 느린 것이 아니라 위대함을 탄생시키는 감추어진 힘이다. … 속도에 지친 일상을 살고 있는 사람이 있다면 "그대, 느려도 좋다"고 말해 주고 싶다「그대, 느려도 좋다」, 두란노, 29-31쪽.

우리는 왜 느림의 영성을 추구해야 할까요? 사랑하기 위해서입니다. 하나님을 사랑하고, 말씀을 사랑하고, 가족을 사랑하기 위해서는 서두르면 안 됩니다. 사랑하기 위해서는 시간이 필요합니다. 사랑한다는 것은 사랑하는 대상을 향해 머무는 것입니다. 머물기 위해서는 속도를 줄여야 합니다. 말씀을 사랑하는 사람은 말씀 앞에 머물 줄 압니다. 말씀 속에서 만나는 하나님 앞에 머물 줄 압니다.

왜 사랑이 중요할까요? 사랑만이 모든 것을 치유하고 회복할 수 있기 때문입니다.

치유, 그것을 가능하게 하는 것은 사랑뿐이다. 좀 뻔하기는 해도 역시 그렇게 밖에는 말할 수 없다. 그리고 '사랑은 정말 더딘 것'이라고도 말해야겠다. 사랑에는 시간과 수고가 필요하고, 시간과 수고를 필요로 하기에 사랑인 것이다. … 육아, 사회화, 교육 등은 모두 시간이 걸리는 느린 과정이다. 그리고 이것은 단지 '시간이 걸린다'는 의미에서의 느림만이 아니다. 사랑이란 본래 시간을 포함하는 일이다 슬로 라이프」, 쓰지 신이치, 디자인하우스, 74쪽.

저는 말씀 묵상을 통해 기다리시는 하나님을 만났습니다. 그리고 느림과 기다림이 주는 축복을 경험했습니다. 생명을 살려야 할 때 속도는 중요합니다. 구급차는 속도가 생명입니다. 하지만 우리의 삶이 늘 위급한 상황에 놓이는 것은 아닙니다. 속도의 중요성을 무시할 수는 없지만 속도의 노예가 되지 않도록 거듭 자신을 돌아보아야 합니다.

느림의 영성은 노하기를 더디 하는 영성입니다

솔로몬은 잠언에서 노하기를 더디 하는 영성을 가르칩니다. 노하지 말라고 가르치는 것이 아니라 노하기를 더디 하라고 가르칩니다. 잠언은 노하기를 더디 하는 사람은 용사보다 낫다고 말합니다. 그리고 그를 자신의 마음을 다스릴 줄 아는 사람이라고 말합니다.

> "노하기를 더디 하는 자는 용사보다 낫고 자기의 마음을 다스리는 자는 성을 빼앗는 자보다 나으니라" 잠 16:32.

또한 노하기를 더디 하는 것이 슬기이며 노를 쉽게 발하는 자는 어리석고 노하기를 맹렬히 하는 자는 벌을 받을 것이라고 증거합니다.

> "노하기를 더디 하는 것이 사람의 슬기요 허물을 용서하는 것이 자기의 영광이니라" 잠 19:11.
> "노하기를 속히 하는 자는 어리석은 일을 행하고 악한 계교를 꾀

하는 자는 미움을 받느니라"잠 14:17.
"노하기를 맹렬히 하는 자는 벌을 받을 것이라 네가 그를 건져 주면 다시 그런 일이 생기리라"잠 19:19.

그러면서 어리석게 자신의 분노를 다 드러내는 자는 다툼을 일으키고 결국 죄를 범하게 된다고 전합니다.

"어리석은 자는 그 노를 다 드러내어도 지혜로운 자는 그것을 억제하느니라"잠 29:11.
"노하는 자는 다툼을 일으키고 성내는 자는 범죄함이 많으니라" 잠 29:22.

그러므로 솔로몬은 다투며 성내는 여인과 함께 사는 것보다 광야에서 사는 것이 더 낫다고 가르칩니다.

"다투며 성내는 여인과 함께 사는 것보다 광야에서 사는 것이 나으니라"잠 21:19.

신약의 잠언이라고 불리는 야고보서에도 성내기를 더디 하라고 기록되어 있습니다. 성내는 것이 하나님의 의를 이루지 못하게 하기 때문입니다.

"내 사랑하는 형제들아 너희가 알지니 사람마다 듣기는 속히 하고 말하기는 더디 하며 성내기도 더디 하라 사람이 성내는 것이 하나님의 의를 이루지 못함이라"약 1:19-20.

우리는 성경을 통해서 뿐만 아니라 삶의 현장에서 노를 서둘러 발하는 것이 얼마나 위험한지를 잘 알고 있습니다. 수많은 가정 폭력이 분노를 잘 다스리지 못하는 데서 일어납니다. 분노 때문에 발생한 폭력이 사랑하는 가족에게 말할 수 없는 상처를 줍니다. 분노를 잘 다스리지 못해서 가정이 깨집니다. 또한 분노는 살인과 전쟁의 원인이 되기도 합니다. 그래서 우리는 분노를 잘 다스리는 법을 배워야 합니다. 분노를 다스리는 법을 터득하는 것은 자신과 가족, 그리고 공동체를 위해 아주 중요한 일입니다. 세계 평화를 위해서도 필요합니다. 어떻게 하면 말씀 묵상을 통해 분노를 잘 다스릴 수 있을까요?

첫째, 분노를 다스리려면 분노의 정체를 잘 이해해야 합니다

분노는 하나님의 속성 중 하나입니다. 성경을 통해 우리는 하나님도 분노하시는 분임을 알게 됩니다. 게리 채프먼은 인간의 분노가 하나님의 속성에 그 뿌리를 둔다고 말합니다.

인간의 분노는 하나님의 속성에 뿌리를 둔다. 분노는 거룩과 사랑이라는 하나님의 두 가지 속성에서 비롯된다. … 하나님은 인간에게 미치는 죄의 해로움을 아시기에 분노하신다. '정의와 의'를 위해서 하나님은 분노하신다. 그러므로 하나님은 악을 보고 분노하신다. 분노는 부정의와 불의에 대한 하나님의 당연한 반응이다「사랑의 또 다른 얼굴 분노」, 두란노, 22-24쪽.

불의를 보고 분노하는 것은 우리가 하나님의 형상대로 창조되었음을 보여 주는 강력한 증거입니다. 그렇지만 정당한 분노일지라도 그 분노가 통제되지 않을 때 파괴적인 결과를 낳을 수 있다는 사실을 명심해야 합니다. 분노를 올바르게 사용하고 조절할 때, 사랑의 목적을 이룰 수가 있습니다. 예수님께서 성전을 어지럽히는 사람들을 향해 거룩한 분노를 일으키셨습니다. 하지만 예수님은 분노를 조절하셨습니다. 강력한 의분과 에너지로 성전을 청결케 하셨지만 결코 충동적이지 않으셨습니다. 분노에는 정당한 분노가 있고, 그릇된 분노가 있습니다. 이를 게리 채프먼은 다음과 같이 설명해 줍니다.

분노에는 정당한 분노와 그릇된 분노가 있다. 정당한 분노는 누군가 잘못을 했기 때문에 느끼는 것이다. 누군가 당신을 공정하게 대하지 않고, 재산을 빼앗고, 거짓말하는 등 여러 가지로 잘못한 경우다. 바로 이런 분노가 하나님이 유일하게 보여 주시는 명백한 분노이다. 그렇지만 그릇된 분노는 정당하지 않다. 도덕적인 죄와 관계 없이 단순한 실망, 충족되지 않은 욕구, 좌절된 노력 같은 것 때문에 생긴 분노다. 삶을 불편하게 하거나 중요한 감정이 상하거나 극도로 피곤하거나 스트레스를 받을 때 생긴다『사랑의 또 다른 얼굴 분노』, 69쪽.

둘째, 분노를 다스리려면 분노의 감정을 이해해야 합니다

하나님은 불의를 보시면 분노하십니다. 잘못된 죄악을 보시면 분노하십니다. 그렇지만 하나님의 분노는 충동적이지도, 우발적이지도, 폭력적이지도 않습니다. 사랑과 거룩, 그리고 공의에서 비롯되는 분노이기 때문입니다. 그리고 하나님은 가능한 더디 노하십니다. 죄는 미워하시지만 죄인은 사랑하시기 때문입니다.

"거역하며 주께서 그들 가운데에서 행하신 기사를 기억하지 아니하고 목을 굳게 하며 패역하여 스스로 한 우두머리를 세우고 종 되었던 땅으로 돌아가고자 하였나이다 그러나 주께서는 용서하시는 하나님이시라 은혜로우시며 긍휼히 여기시며 더디 노하시며 인자가 풍부하시므로 그들을 버리지 아니하셨나이다"느 9:17.

하나님이 노하기를 더디 하시는 이유는 하나님의 인자하신 성품 때문입니다.

"여호와는 긍휼이 많으시고 은혜로우시며 노하기를 더디 하시며 인자하심이 풍부하시도다" 시 103:8.

하나님은 노하기를 더디 하실 뿐 아니라 노를 영원히 품지 않으십니다.

"자주 경책하지 아니하시며 노를 영원히 품지 아니하시리로다" 시 103:9.

분노는 잘 다스려야 할 감정입니다. 정당하든 그렇지 않든 분노의 감정은 조절되고, 통제되어야 합니다. 그런데 우리가 삶 속에서 경험하는 분노는 대부분 그릇된 분노일 때가 많습니다. 특별히 가장 사랑해야 할 대상에게 화를 낼 때, 그것은 그릇된 분노일 가능성이 크다는 것을 기억해야 합니다.

그릇된 분노의 대표적인 예가 가인입니다. 하나님은 가인과 아벨이 제사를 드렸을 때, 가인의 제사는 받지 않으시고 아벨의 제사만을 받으셨습니다. 그때 가인은 몹시 분을 냈습니다.

"가인과 그의 제물은 받지 아니하신지라 가인이 몹시 분하여 안색이 변하니 여호와께서 가인에게 이르시되 네가 분하여 함은 어찌 됨이며 안색이 변함은 어찌 됨이냐 네가 선을 행하면 어찌

낯을 들지 못하겠느냐 선을 행하지 아니하면 죄가 문에 엎드려 있느니라 죄가 너를 원하나 너는 죄를 다스릴지니라"창 4:5-7.

분노를 다스리지 못한 가인은 결국 사랑해야 할 아우 아벨을 죽였습니다.

"가인이 그의 아우 아벨에게 말하고 그들이 들에 있을 때 가인이 그의 아우 아벨을 쳐 죽이니라"창 4:8.

그릇된 분노는 폭력을 낳고, 그 폭력은 죽음을 낳았습니다. 가인이 조금 더 생각해 보고, 노하기를 더디 했다면 그는 동생을 죽이지 않았을 것입니다. 분노를 다스리지 못한 결과 그는 평생 죄책감과 죄의 형벌에 대한 두려움 가운데 시달립니다. 결국 분노는 그의 동생만 죽인 것이 아니라 가인 자신을 파괴시켜 버렸습니다. 분노는 정말 경계해야 할 감정입니다.

게리 채프먼은 분노를 폭발시키는 유형을 두 가지로 나누어 설명합니다. 먼저 분노를 말과 행동으로 폭발시키는 유형이 있습니다. 보통 이 유형은 언어 폭력, 육체적인 폭력으로 분노를 표현합니다. 모든 학대의 바탕에도 통제하지 못한 분노가 있습니다.

반면 분노를 밖으로 잘 표출하지 않고 그 분노를 품고 사는 유형이 있습니다. 이들의 분노는 침묵, 복수심, 적개심, 비통함, 그리고 증오심으로 발전하는데, 이것이 깊어지면 우울증에 걸리게 됩니다. 분노가 내면화된 것입니다. 결국 이러한 분노는 관계를 망칠 뿐 아니라 몸과 마음을 병들게 합니다.

그릇된 분노가 일어날 때 우리는 분노를 일으키기 전에 먼저 생각하는 훈련을 해야 합니다. 노하기를 더디 하면서 분노의 이유에 대해 생각해야 합니다. 분노는 어떤 사건에 대한 해석과 반응이라고 해도 과언이 아닙니다. 분노의 원인을 다음 네 가지로 압축할 수 있습니다.

첫째, 내가 원하는 것이 이루어지지 않을 때 분노한다.
둘째, 내가 원하는 것이 내가 원하는 시간에 이루어지지 않을 때 분노한다.
셋째, 내가 원하지 않는 것이 내게 일어날 때 분노한다.
넷째, 내가 원하는 대로 사람들이 행동하지 않을 때 분노한다.

분노는 우리의 기대와 밀접한 관련이 있습니다. 적절치 않은 기대와 소원이 우리 안에 분노를 일으키는 것입니다. 따라서 분노 관리를 잘하려면 기대 관리를 잘해야 합니다. 우리의 부절적한 기대가 분노를 유발하기 때문입니다. 결혼 생활을 하다 보면 우리는 서로가 기대하는 바가 다를 수 있음을 경험합니다. 때로는 서로가 기대하는 것을 말하지 않고, 상대방이 알 것이라고 생각합니다. 상대방이 자신의 기대를 알면서도 고의로 그 기대를 충족시켜 주지 않는다고 오해하는 것입니다. 그래서 기대에 부응하지 못하면 은근히 서로 적개심을 갖고 조용히 복수하기도 합니다. 그런 상태가 조금 길어지고 관계의 틈이 깊어지면 결혼 생활이 깨지는 것은 시간문제입니다.

한편 분노를 밖으로 적절히 표현하지 못하는 사람들의 문제는 자신을 화 나게 한 사람이나 사건을 거듭 골똘히 생각하는 것입니다. 문제는 이렇게 반복해서 되새기는 중에 더욱 깊은 수렁에 빠져들게 된다는 것입니다. 분노의 문제를 해결하려고 노력하지 않은 채 분노의 기억만을 안고 사는 사람은 스스로 적개심과 비통함 속에 매몰됩니다. 잘못하면 심한 우울증에 빠져 자살까지 시도하게 됩니다. 분노의 문제를 해결하지 않고 분을 품으며 마귀에게 틈을 주었기 때문입니다. 그로 인해 또 다른 죄를 짓는 어리석음을 범하게 된 것입니다.

"분을 내어도 죄를 짓지 말며 해가 지도록 분을 품지 말고 마귀에게 틈을 주지 말라" 엡 4:26-27.

셋째, 분노를 다스리려면 분노에 잘 반응하는 훈련을 해야 합니다

분노는 인간이기 때문에 피할 수 없는 감정입니다. 그래서 매일 경험할 수밖에 없습니다. 중요한 것은 분노에 잘 반응하는 훈련입니다.

첫째, 분노가 일어나면 즉각적으로 분노하지 말고 잠시 멈추어 생각하십시오. 노하기를 더디 하라는 하나님의 말씀에 순종하십시오. 노하기를 더디 하시는 하나님의 성품을 닮아 가기로 작정하십시오. 화를 함부로 내는 것은 참으로 위험합니다. 화를 참지 못하면 비극을 초래할 수 있습니다.

"한순간의 화를 참으면 백 일 동안의 슬픔을 피할 수 있다." _ 중국 속담

둘째, 왜 분노가 생겼는지 생각하십시오. 우리의 분노가 정당한 분노라면 문제가 없지만 그릇된 분노라면 반드시 그 원인이 있을 것입니다. 인생이나 인간에 대한 잘못된 기대와 잘못된 해석이 원인일 수도 있습니다.

미국의 유명한 기업가이자 컨설턴트인 스티븐 코비가 강연을 하는데 한 남자와 여자가 서로를 쳐다보면서 손짓을 주고 받았습니다. 강의를 하는 내내 눈에 거슬리고, 짜증이 났습니다. 그런데 나중에야 청각 장애인 남자에게 여자가 수화로 강연을 통역해 주고 있음을 알게 되었습니다. 그 순간, 그의 마음에 있던 분노가 사라졌습니다. 이처럼 어떤 경우에는 우리가 가지고 있는 잘못된 정보 때문에 화가 날 수도 있기 때문에, 분노의 원인을 살피는 것이 분노의 문제를 해결하는 데 도움이 됩니다.

셋째, 분노에 어떻게 반응하는 것이 좋을지 생각하십시오. 분노

가 일어나면 먼저 자기 마음을 들여다 보아야 합니다. 분노를 분석하는데 가장 도움이 되는 것이 다음 세 가지 질문입니다. '왜 내가 화를 내는가?', '내가 무엇을 얻기 원하는가?', '내가 그것을 어떻게 얻을 수 있는가?' 우리는 화를 냄으로써 우리가 원하는 것을 얻을 수 있다고 착각합니다. 그러나 분노로 원하는 것을 얻지는 못합니다. 오히려 상황은 더욱 악화될 뿐입니다.

넷째, 분노에 지혜롭게 반응하십시오. 분노에 지혜롭게 반응하는 것은 사랑으로 반응하는 것입니다. 누군가를 사랑하게 되면 이해하게 됩니다. 용서하게 됩니다. 혹시 상대방이 잘못했다 할지라도 그럴 수밖에 없는 그의 연약함을 이해하고 용서하게 되는 것입니다. 이것이 노하기를 더디 하시는 하나님의 사랑입니다.

> "우리의 죄를 따라 우리를 처벌하지는 아니하시며 우리의 죄악을 따라 우리에게 그대로 갚지는 아니하셨으니 이는 하늘이 땅에서 높음 같이 그를 경외하는 자에게 그의 인자하심이 크심이로다" 시 103:10-11.

사랑하게 되면 분노의 원인을 상대방이 아닌 자신에게서 찾게 됩니다. 또한 화를 쌓아 두지 않고, 소통을 통해 분노를 풀어 가게 됩니다. 왜 자신이 화가 났는지에 대해 표현하고, 자신이 오해한 것이 있는지 물어 보기도 합니다. 사랑은 온유합니다. 무례히 행하지 않습니다. 사랑은 성내지 않습니다.

> "사랑은 오래 참고 사랑은 온유하며 시기하지 아니하며 사랑은 자랑하지 아니하며 교만하지 아니하며 무례히 행하지 아니하며 자기의 유익을 구하지 아니하며 성내지 아니하며 악한 것을 생각하지 아니하며"고전 13:4-5.

사랑은 예술입니다. 사랑을 하려면 지식과 함께 기술이 필요합니다. 전략이 필요합니다. 게리 채프먼은 결혼 생활에서 분노를 다루는 전략을 가르쳐 줍니다.

첫째, 분노의 실체를 인정하라. 둘째, 분노를 서로 인정하기로 합의하라. 셋째, 말이나 몸으로 분노를 폭발하는 것은 적절하지 않다는 데 합의하라. 넷째, 판단하기 전에 설명을 듣겠다고 합의하라. 다섯째, 해결을 모색하기로 합의하라. 여섯째, 서로 사랑을 확인하기로 합의하라.『사랑의 또 다른 얼굴 분노』, 170-171쪽.

저는 말씀 묵상을 통해 분노에 잘 반응하는 전략을 배웠습니다. 분노를 잘 다스리는 훈련을 하게 되었습니다. 언제나 잘하는 것은 아니지만 말씀 묵상을 통해 노하기를 더디 하는 법을 배웠습니다. 말씀을 통해 인생과 인간을 잘 이해하게 되었습니다. 우선 인간이 연약한 존재라는 사실을 깨달았습니다. 죄를 지을 수밖에 없는 존재라는 것입니다. 그래서 인간은 우리가 이해하고 사랑해야 할 대상이지 우리가 신뢰해야 할 대상이 아닙니다. 또한 인생은 어렵고, 힘들며, 만만치 않다는 것을 배웠습니다. 우리가 원하는 대로 되지 않는다는 사실을 깨닫게 된 것입니다.

더욱 중요한 것은 사건보다 그 사건을 보는 관점과 해석이며, 또한 사건에 성경적으로 반응하는 것임을 알게 되었습니다. 어떤 사건이든지 충동적으로 반응하면 안 된다는 것을 배웠습니다. 우리의 충동이 옳지 않을 수 있으며, 충동은 도발적이며, 폭발적이며, 폭력적일 수 있음을 배웠습니다. 그래서 내 안에 일어나는 충동을 지켜 보며, 그 충동을 다스리는 훈련을 하기 시작했습니다.

"첫 번째 충동을 보내고 두 번째 충동을 기다려라." _ 발티자르 그라시안

롤로 메이는 우리에게 있는 아주 중요한 능력을 가르쳐 줍니다.

"우리의 능력 중에는 행동을 잠시 멈추고, 하기 싫은 하나의 반응을 선택할 수 있는 능력이 있다." _ 롤로 메이

자극과 반응 사이에는 하나의 공간이 있습니다. 바로 그 공간에서 우리는 올바른 반응을 선택할 수 있습니다. 원하지 않지만

우리에게 꼭 필요한 반응을 선택할 수 있는 능력이 우리에게 있습니다.

마음에서 올라오는 화는 3분 정도만 기다리면 수그러든다고 합니다. 화가 나 있는 동안은 올바로 생각하거나 해석할 수 없습니다. 올바로 반응하지 못합니다. 분노가 생각을 잠시 마비시켰기 때문입니다. 그래서 우리는 평소에 말씀 묵상을 통해 자신의 생각이나 감정을 지켜보는 훈련을 해야 합니다. 아울러 화가 날 때, 잠시 멈추어 생각하고 기도하는 훈련을 해야 합니다. 그때 우리는 분노의 원인을 잘 파악하고, 분노에 대해 지혜롭게 반응할 수 있습니다.

사람들은 3초 안에 모든 것이 결정된다고 믿습니다. 텔레비전 광고의 처음 3초가 중요하고 신문사의 헤드라인을 보고 독자가 그 기사를 읽을지 말지 결정하는 데도 3초 밖에 걸리지 않는다고 주장합니다. 그렇다면 3초는 아주 중요한 시간입니다. 우리 내면에서 화가 날 때 중요한 것은 3초입니다. 그 3초를 잘 다스리는 것이 중요합니다. 분노에 적절하게 반응하는 것이 곧 전략입니다.

분노를 잘 다스리기 위해 기도하고 말씀을 묵상하십시오

분노를 잘 다스리는 것은 우리뿐 아니라 우리의 자녀들에게도 영향을 끼칩니다. 부모가 가정에서 폭력을 사용하는 것을 보고 자란 자녀들은 똑같이 가정 폭력을 휘두르는 경우가 많습니다. 폭력을 사랑의 한 방법으로 생각하기도 합니다. 그래서 우리는 삶을 통해 분노를 다스리는 법을 자녀들에게 가르쳐야 합니다. 특별히 분노를 다스릴 수 있도록 돕는 말씀을 암송하고 묵상하게 하는 것이 좋습니다. 또한 분노를 다스리기 위해 기도의 삶을 살도록 가르쳐야 합니다.

느림의 영성, 분노를 잘 다스리는 원리를 묵상하는 중에 벤 카슨의 이야기가 떠올랐습니다. 벤 카슨은 흑인 의사로서 아주 인품이 훌륭하고, 신앙이 깊으며 의술 또한 탁월했습니다. 그는 자신의 책, 「하나님이 주신 손」에서 그가 어떻게 분노의 문제를 극복했는지를 잘 기록하고 있습니다.

열네 살 때, 그는 함께 음악을 듣다 친구가 "그걸 음악이라고 듣니"하며 비아냥거리는 순간 자신도 모르게 분노에 사로잡혀 뒷주머니에 넣고 다니던 등산용 칼을 친구에게 휘둘렀다. 다행히 칼은 친구의 벨

트 버클에 맞았고, 칼날은 부러져 땅에 떨어졌다. 친구는 당황한 표정으로 그를 바라보았고, 그는 미안해서 친구의 얼굴을 바라볼 수 없었다. 그는 집으로 달려와 조금 전 일을 되돌아보았다. 이렇게 분노를 자제할 수 없다면 어릴 적 꿈꾸었던 의사의 꿈을 이룰 수 없을 거라고 생각했다. 그리고 결코 그 성질을 고치지 않는 한 성공할 수 없을 거라고 생각했다. 그때 무슨 일이 있을 때마다 "기도하거라" 하시던 어머니의 음성이 생각났다. 그는 주님께 자신을 변화시켜 달라고 기도했다. 하나님이 도와주지 않으시면 결코 분노의 습관에서 해방될 수 없다는 것을 알았기 때문이다. 그러고는 성경을 펴서 잠언을 읽어 내려갔다. 그때 그의 마음에 잠언 16장 32절 말씀이 뿌리 깊게 박혔다. 그 말씀을 그를 정죄하는 동시에 그에게 소망을 주었다. 그 이후 그는 하나님이 그의 간절한 기도를 들어 주셨다는 확신이 들었다. 완전히 다른 사람으로 변화되었음을 느꼈다. … 마침내 나는 일어나서 성경책을 내려 놓고 세면기 앞으로 갔다. 세수를 하고 옷을 바로 입었다. 목욕탕에서 나올 때 나는 완전히 변화된 사람이었다. 나는 "앞으로는 내 성질이 나를 지배하지 못할 것이다. 나는 해방되었다"라고 중얼거렸다.

그날 하나님의 도움을 구하면서 나 자신과 오랫동안 씨름한 이후로, 나는 내 성질 때문에 문제에 직면한 적이 없다. 그날 오후에 나는 날마다 성경을 읽기로 결심했다. 날마다 성경을 읽는 것이 습관이 되었는데, 나는 특히 잠언을 좋아한다. 지금도 나는 매일 아침에 제일 먼저 성경을 읽는다.

내 친구들 중 몇은 나에게 아직도 화를 내는 잠재적 성질이 있다고 주장한다. 그들의 말이 맞을지도 모르지만, 나는 그날 이후 20년이 넘도록 다시는 불같이 화를 낸 적이 없고, 내 성질을 통제해야 하는 심각한 문제에 직면한 적이 없다. … 내가 열네 살 때에 맞이했던 그 무섭고 끔찍한 날 이후로, 하나님에 대한 나의 믿음은 아주 개인적인 것이며, 오늘날의 내가 존재하게 된 중요한 토대이다. 그 무렵 나는 "예수님은 누구신가"라는 찬송을 부르기 시작했는데, 그 찬송은 나의 애창곡이 되었다. 화가 나는 일이 있을 때 그 찬송을 부르면, 나의 부정적인 성질은 눈 녹듯이 사라진다.「하나님이 주신 손」, 은성, 68-73쪽, 수정 인용.

벤 카슨은 분노의 문제를 해결하는 데 기도가 얼마나 중요한지를 가르쳐 줍니다. 또한 성경, 특별히 잠언 말씀이 분노를 다스리는 데 중요한 역할을 했음을 보여 줍니다. 그리고 찬양의 능력도 알려 줍니다. 기도와 말씀과 찬양 모두 우리의 감정을 다스리는 데 아주 중요한 요소인 것입니다.

말씀 묵상을 통해 느림의 영성을 추구하십시오. 특별히 노하기를 더디 하는 영성을 추구하십시오. 인생의 많은 문제가 분노를 잘못 다루는 데서 일어납니다. 수많은 가정과 관계, 그리고 국가 간의 문제가 분노 때문에 생깁니다. 수많은 전쟁이 분노 때문에 벌어집니다. 폭력의 뿌리에 그릇된 분노가 있음을 알아야 합니다. 말씀 묵상은 우리의 감정을 지켜보고, 그 감정을 다스리도록 도와줍니다. 우리 안에 일어나는 감정을 분석하고, 올바로 반응하도록 도와줍니다. 분노를 다스릴 줄 아는 사람은 자신을 다스릴 줄 아는 사람입니다. 그렇게 자신을 정복할 줄 알기에 노하기를 더디 하는 사람이 용사보다 나은 것입니다. 분노를 잘 다스림으로 참된 사랑과 행복을 누리시길 바랍니다

"노하기를 더디 하는 자는 용사보다 낫고 자기의 마음을 다스리는 자는 성을 빼앗는 자보다 나으니라" 잠 16:32.

· 말씀 묵상과 멈춤의 영성 ·

생각의 기술을 배우십시오

"우리의 싸우는 무기는 육신에 속한 것이 아니요 오직 어떤 견고한 진도 무너뜨리는 하나님의 능력이라 모든 이론을 무너뜨리며 하나님 아는 것을 대적하여 높아진 것을 다 무너뜨리고 모든 생각을 사로잡아 그리스도에게 복종하게 하니 너희의 복종이 온전하게 될 때에 모든 복종하지 않는 것을 벌하려고 준비하는 중에 있노라"고후 10:4-6.

말씀 묵상을 통해
생각하는 법을 배우십시오

    저는 말씀 묵상을 통해 수많은 유익을 얻었습니다. 그중 하나는 생각하는 법을 배운 것입니다. 말씀을 묵상한다는 것은 말씀을 통해 생각하는 것입니다. 말씀은 하나님의 생각입니다. 말씀을 읽을 때 우리는 하나님의 생각을 읽을 수 있습니다. 하나님의 생각을 배울 수 있습니다. 하나님의 생각은 우리의 생각과 다릅니다. 더 깊고 더 높습니다. 우리의 생각보다 하나님의 생각이 훨씬 좋습니다.

    "이는 내 생각이 너희의 생각과 다르며 내 길은 너희의 길과 다름이니라 여호와의 말씀이니라 이는 하늘이 땅보다 높음 같이 내 길은 너희의 길보다 높으며 내 생각은 너희의 생각보다 높음 이니라"사 55:8-9.

우리는 말씀을 묵상할 때 하나님의 생각과 접촉하게 됩니다. 또한 말씀 속에서 역사하시는 하나님의 뜻과 하나님의 길과 접촉하게 됩니다. 그리고 그 순간 우리의 생각은 새롭게 탄생됩니다.

생각하는 것이 놀라운 일임에도 불구하고 사람들은 생각하는 것을 별로 좋아하지 않는 것 같습니다. 하지만 사람은 늘 생각하며 살게 되어 있습니다. 중요한 것은 무엇을 생각하느냐입니다. 더 중요한 것은 어떻게 생각하느냐입니다. 생각의 기술처럼 중요한 것은 없습니다. 왜냐하면 우리의 인생은 우리가 생각하는 것과 밀접한 관련이 있기 때문입니다.

사도 바울은 우리의 생각을 전쟁터에 비유하며 우리의 생각이 고정되는 것, 곧 고정관념을 '견고한 진'이라고 말하고 있습니다.

"우리의 싸우는 무기는 육신에 속한 것이 아니요 오직 어떤 견고한 진도 무너뜨리는 하나님의 능력이라 모든 이론을 무너뜨리며"고후 10:4.

고정관념은 우리의 옛사람이 가지고 있는 옛 생각이라고 해도 좋을 것입니다. 또한 율법주의적인 사고일 수도 있습니다. 예수님이 오시기 전, 사람들은 율법 속에서 살았습니다. 그리고 그들에게 예수님은 복음을 전해 주셨습니다. 그들은 복음을 받기 위해 율법적인 생각을 복음적인 생각으로 바꿔야 했습니다.

많은 사람들이 고정관념 속에서 살아갑니다. 각자 나름대로 유지해 온 사고의 틀이 있습니다. 그래서 무슨 일이든 그 사고의 틀에 넣고 생각하는 경향이 있습니다. 이것을 신념이라고 말하기도 합니다.

예수님을 처음 믿는 사람은 이미 자신의 생각 속에 이 고정관념이 견고하게 자리잡고 있습니다. 그러나 그 견고한 진을 반드시 무너뜨려야 합니다. 왜냐하면 예수님을 믿기 전에 가지고 있던 모든 지식과 하나님을 아는 것을 대적했던 모든 생각이 그 고정관념 속에 내재해 있기 때문입니다. 그러나 하나님은 그 모든 생각을 사로잡아 그리스도에게 복종케 하는 능력을 베푸십니다.

> "우리가 싸우는 무기는 육신에 속한 것이 아니요 오직 어떤 견고한 진도 무너뜨리는 하나님의 능력이라 모든 이론을 무너뜨리며 하나님 아는 것을 대적하여 높아진 것을 다 무너뜨리고 모든 생각을 사로잡아 그리스도에게 복종하게 하니"고후 10:4-5.

바울은 우리에게 무기가 있다고 말합니다. 그것은 어떤 견고한 진도 무너뜨리는 하나님의 능력, 곧 하나님의 말씀입니다.

"구원의 투구와 성령의 검 곧 하나님의 말씀을 가지라"엡 6:17.

어떤 면에서 말씀을 묵상하는 것은, 성령의 검인 하나님의 말씀을 가지고 생각 속에서 일어나는 견고한 진과 싸우는 영적 전쟁이라고 해도 과언이 아닙니다. 그렇다면 왜 이토록 생각이 중요할까요? 바울은 왜 모든 생각을 사로잡아 그리스도에게 복종시켜야 한다고 말하는 것일까요?

말씀 묵상을 통해 생각의 중요성을 깨달으십시오

성경은 생각의 중요성을 가르칩니다. 생각의 중요성을 깨달아야 생각하는 법에 관심을 갖게 됩니다. 하나님의 관심은 우리의 생각이 변화하는 데 있습니다. 우리는 생각의 변화를 통해 성장하게 됩니다. 하워드 핸드릭스는 행동의 변화 이전에 생각의 변화가 더욱 중요하다는 사실을 강조합니다.

만일 한 개인을 영구적으로 변화시키기를 원한다면, 행동만을 변화시킬 것이 아니라 반드시 생각을 변화시켜야 한다. 만일 행동만을 변화시킨다면 그는 왜 자신이 변화되어야 하는지 이해하지 못할 것이다. 그것은 피상적이고 단기적인 것이다「삶을 변화시키는 가르침」, 생명의 말씀사, 49쪽.

생각이 중요한 이유는 생각이 우리의 삶 가운데 지대한 영향을 끼치기 때문입니다.

첫째, 생각에 따라 결과가 달라집니다

생각에는 좋은 생각이 있고 나쁜 생각이 있습니다. 생각은 씨앗과 같아서 어떤 생각을 심느냐에 따라 다른 열매를 맺게 됩니다. 하나님은 예레미야를 통해 이스라엘 백성들에게 재앙이 임한 것은 그들의 생각 때문이라고 말씀하십니다.

> "땅이여 들으라 내가 이 백성에게 재앙을 내리리니 이것이 그들의 생각의 결과라 그들이 내 말을 듣지 아니하며 내 율법을 거절하였음이니라"렘 6:19.

우리가 생각에 관심을 가져야 하는 중요한 이유가 여기에 있습니다. 우리가 선택한 생각이 우리 가운데 영향을 미칩니다. 잠시 하는 생각을 말하는 것이 아닙니다. 무슨 생각이든지 지속적으로 반복할 경우 그 생각이 현실로 나타날 수 있습니다. 생각에 관해 가장 좋은 글을 남긴 제임스 알렌의 말에 귀 기울여 보십시오.

> 좋은 생각과 행동은 절대로 나쁜 결과를 낳을 수 없고, 나쁜 생각과 행동은 절대로 좋은 결과를 낳을 수 없다. "콩 심은 데 콩나고, 팥 심은 데 팥난다"는 속담 그대로이다. 사람들은 자연 현상을 대할 때는 이 법칙을 이해하고 거기에 맞춰 일하면서도, 정신과 도덕의 영역에서는 이 법칙을 잘 이해하지 못하여 그것과 협력하지 않는다. 자연계에서와 똑같이 정신 세계에서도 단순하고 엄정하게 작용하는 데도 말이다.「생각의 지혜」, 물무레, 28쪽.

둘째, 생각은 우리가 어떤 사람인지를 말해 줍니다

생각하는 대로 우리의 인생은 달라집니다. 인간은 열린 존재입니다. 닫힌 존재가 아닙니다. 그래서 계속 변화를 겪습니다. 인간은 태어날 때부터 아담의 원죄를 가지고 태어났습니다. 그런 까닭에 아담의 원죄를 따라 아주 악한 존재로 살아갈 가능성이 있습니다. 반면 우리 안에는 하나님이 담아 두신 엄청난 잠재력이 있습니다. 우리가 하나님을 믿고, 죄를 회개하며 주님이 기뻐하시는 삶을 살게 될 때 그 잠재력을 발휘할 수 있습니다. 그 과정에서 우리가 어떤 사람으로 성장할지를 결정하는 것이 생각입니다.

"대저 그 마음의 생각이 어떠하면 그 위인도 그러한즉 그가 네게 먹고 마시라 할지라도 그의 마음은 너와 함께하지 아니함이라"
잠 23:7.

제임스 알렌은 이 사실을 다음과 같이 말합니다.

사람은 자신이 원하는 것을 끌어당기는 것이 아니라 자신의 본모습과 같은 성질의 것들을 끌어당긴다. 일시적인 생각이나 환상, 야망 따위는 살아가는 동안 좌절되지만, 마음 깊은 곳에 품고 있는 생각과 욕망은 더럽든 깨끗하든 그 자신을 자양분으로 삼아 성장한다「생각의 지혜」, 25쪽.

셋째, 생각은 미래를 창조하는 재료입니다

하나님은 말씀으로 천지를 창조하셨습니다. 하나님이 말씀하신 것들은 모두 현실이 되었습니다. 그런데 하나님이 말씀하시기 전에 하나님의 생각이 먼저 있었다는 사실을 알아야 합니다. 하나님의 생각이 하나님의 말씀이 되었고, 창조란 그 말씀이 현실이 된 것입니다. 하나님은 생각을 통해 모든 것을 상상하셨습니다. 그리고 그 상상하신 것을 말씀으로 표현하셨습니다. 그 말씀이 현실이 된 것입니다. 곧 생각이 말씀에 영향을 준 것입니다. 생각이 모든 것을 새롭게 창조한 것입니다.

하나님의 형상을 따라 만들어진 인간에게 하나님은 생각하는 능력을 주셨습니다. 그리고 언어의 능력을 주셨습니다. 우리가 생각하는 것, 우리가 상상하는 것을 통해 놀라운 일들이 일어납니다. 우리는 생각하는 것을 말하게 되고, 우리가 말하는 것이 현실이 됩니다. 곧 우리가 생각하는 것이 우리의 미래를 창조하는 재료가 됩니다.

왜 생각이 우리의 미래를 창조하는 재료가 되는 것일까요? 그 이유는 우리의 생각이 우리의 믿음에 영향을 미치기 때문입니다. 생각은 상상력입니다. 믿음 또한 상상하는 것입니다. 믿음은 상상하고 바라는 것입니다. 무언가가 장차 이루어질 것을 생각하고, 상상하고, 바라는 것이 곧 믿음입니다. 12년 동안 혈루증을 앓았던 여인은 예수님의 옷에만 손을 대어도 구원받을 것이라고 생각했습니다. 그리고 그 장면을 상상했습니다.

"이는 내가 그의 옷에만 손을 대어도 구원을 받으리라 생각함일러라 이에 그의 혈루 근원이 곧 마르매 병이 나은 줄을 몸에 깨달으니라" 막 5:28-29.

이 여인의 생각은 곧 믿음이었습니다. 예수님은 이 여인의 믿음을 귀히 여기시고 병을 고쳐 주셨습니다.

넷째, 생각은 우리의 감정에 영향을 끼칩니다

생각은 우리의 전 존재에 영향을 끼칩니다. 머리로 하는 것 같지만 생각은 온몸으로 하는 것입니다. 생각은 특별히 감정에 영향을 끼칩니다. 감정이 있기 전에 먼저 생각이 있습니다. 불안한 생각을 할 때 마음이 불안해지고, 두려운 생각을 할 때 두려운 감정이 생깁니다. 또 물론 우리의 감정이 우리의 생각에 영향을 주는 것도 사실입니다. 어느 순간 불안한 감정을 느낄 때 우리는 불안해지고, 혼란스러워집니다. 우리의 생각과 감정은 아주 밀접한 관계가 있는 것입니다.

그래서 생각을 잘 다스리면 감정도 잘 다스릴 수 있습니다. 또한 감정을 잘 다스리면 생각도 변화됩니다. 두려워할 수밖에 없는 상황에서도 어떤 사람은 잠시 두려워한 후, 그 두려움을 극복하고 용기 있는 행동을 합니다. 반면 어떤 사람은 두려움에 사로잡혀 꼼짝하지 못합니다. 생각이나 감정을 잘 다스리는 것은 이처럼 중요한 것입니다.

생각이 우리의 감정에 영향을 끼친다는 사실은, 생각이 우리의 행복에 영향을 끼친다는 것을 의미합니다. 행복한 생각과 감정에서 우리의 행복이 시작됩니다. 세상의 부요나 권력이나 외모와 세상적 쾌락이 우리의 행복을 결정짓지 못합니다. 바로 우리의 행복을 결정하는 가장 중요한 요소는 생각입니다.

> "사람은 자신이 생각하는 만큼 행복하게 된다." _ 에이브러햄 링컨

다섯째, 생각은 행동과 성취에 영향을 끼칩니다

우리는 생각하는 것을 말하게 되고, 그것을 행동에 옮기게 됩니다. 우리가 말씀을 주야로 묵상할 때, 우리는 그 말씀을 따라 행동하게 됩니다. 그 결과 형통하게 됩니다.

> "이 율법책을 네 입에서 떠나지 말게 하며 주야로 그것을 묵상하여 그 안에 기록된 대로 다 지켜 행하라 그리하면 네 길이 평탄하게 될 것이며 네가 형통하리라" 수 1:8.

할 수 있다고 생각하면 할 수 있고, 할 수 없다고 생각하면 할 수 없습니다. 위대한 성취는 '불가능은 없다'라는 생각에서 비롯됐습니다. 가나안 땅을 정탐했던 12명의 정탐꾼 중에 10명은 가나안 정복을 불가능하다고 생각했습니다. 그래서 그들은 가나안 사람들은 거인이고 자신들은 메뚜기 같다고 말했습니다. 반면에 여호수아와 갈렙은 그들과 생각이 달랐습니다. 하나님이 함께하시면 모든 것이 가능하므로 가나안을 능히 취할 수 있다고 말했습니다. 생각의 차이가 하늘과 땅의 차이를 만들어 냈습니다. 그들의 영원한 운명을 바꾸어 놓았습니다.

"갈렙이 모세 앞에서 백성을 조용하게 하고 이르되 우리가 곧 올라가서 그 땅을 취하자 능히 이기리라 하나 그와 함께 올라갔던 사람들은 이르되 우리는 능히 올라가서 그 백성을 치지 못하리라 그들은 우리보다 강하니라 하고"민 13:30-31.

우리는 10명의 정탐꾼의 비참한 결과를 알고 있습니다. 반면 여호수아와 갈렙은 가나안 땅 정복이라는 위대한 성취를 이루었습니다.

여섯째, 생각은 건강과 몸에 영향을 미칩니다

사람들은 정말 건강에 관심이 많습니다. 나이가 드신 분들은 젊음을 유지하는 데 관심이 많습니다. 우리의 건강과 몸에 영향을 주는 것이 생각입니다. 아무리 좋은 음식을 먹는다 할지라도 생각을 잘 하지 못하면 병에 걸린다는 것이 입증되었습니다. 스트레스, 염려, 두려움, 불안, 그리고 분노와 같은 생각이나 감정은 건강을 해칩니다. 우리의 몸은 생각이 바뀌는 순간 놀라운 변화가 일어납니다. 성경은 수많은 환자들이 예수님의 말씀을 듣고, 그 말씀을 통해 생각이 바뀌고 믿음이 강해지는 순간 치유의 역사가 나타남을 보여 줍니다.

당신의 신체는 화학 공장이다. 당신이 환경과 삶의 조건에 감정적으로 어떻게 반응하느냐에 따라 신체가 좋은 화학물질도 생산하고 나쁜 화학물질도 생산한다. 당신은 매일 힘든 사람들을 접하고 힘든 일을 경험하는데, 이 모든 것들이 스트레스를 유발할 수 있다. 당신이 감정과 생각을 어떻게 다루느냐에 따라 스트레스의 강도가 달라진다. 당신은 스트레스가 덜한 생각과 감정을 선택할 수 있다. 당신은 또한 면역체계를 강화하고 건강과 활력을 향상시킬 생각과 감정을 선택할 수 있다「생각관리」, 메리 J. 로어, 부글북스, 83-84쪽.

젊음을 유지하는 것도 생각에 따라 큰 차이가 납니다. 스스로 젊다고 생각하며 사는 사람과 스스로 자신이 늙었다고 생각하는 사람은 각자의 생각에 따라 몸이 변화되는 것을 느낍니다. 오리슨 스웨트 마든의 말에 귀 기울여 보십시오.

마음에 떠오르는 생각은 그 무엇이든 우리의 온몸에 새겨져 세포는 물론이고, 성격, 표정, 외모에 영향을 준다. 늙은 생각이 늙은 세포를, 젊은 생각이 젊은 세포를 만드는 것이다. 다시 말해, 노화는 전적으로 생각의 책임이다. 그 어떤 생각도 몸의 수십 억 세포에게 즉각적인 영향을 미치지 않는 것이 없다. … 부정적 생각은 그 어떤 것이든 세포의 재생과 치료를 방해한다. 따라서 젊음을 유지하고 싶다면 제일 먼저 생각부터 바꾸어야 한다「성공으로 가는 생각법칙」, 다리미디어, 278쪽.

일곱째, 생각에는 좋은 생각이 있고 나쁜 생각이 있습니다

사도 바울은 좋은 생각과 나쁜 생각을 잘 분별하도록 가르쳐 줍니다. 특별히 하나님을 의심하게 만드는 모든 이론과 하나님을 대적하는 모든 생각을 사로잡아 그리스도에게 복종하라고 말씀합니다.

"하나님 아는 것을 대적하여 높아진 것을 다 무너뜨리고 모든 생각을 사로잡아 그리스도에게 복종하게 하니"고후 10:5.

말씀 묵상을 통해 생각하는 훈련을 하면 우리는 모든 생각을 분별하고 다스릴 수 있습니다. 또한 좋은 생각을 선택해서 그 생각에 머물면 그것은 좋은 결과를 만들어 냅니다. 바울은 우리를 사망으로 이끄는 생각이 있고, 생명과 평안으로 이끄는 생각이 있다고 가르쳐 줍니다.

"육신의 생각은 사망이요 영의 생각은 생명과 평안이니라"롬 8:6.
"육신의 생각은 하나님과 원수가 되나니 이는 하나님의 법에 굴복하지 아니할 뿐 아니라 할 수도 없음이라 육신에 있는 자들은 하나님을 기쁘시게 할 수 없느니라"롬 8:7-8.

우리가 경계해야 할 생각은 육신의 생각입니다. 우리가 좇아야 할 생각은 영의 생각입니다. 우리는 말씀 묵상을 통해 육신의 생각과 영의 생각을 분별해서 영의 생각을 선택하게 됩니다. 우리가 좋은 생각을 선택해야 하는 이유는 하나님이 우리의 생각을 따라 역사하시기 때문입니다. 하나님이 홍수 심판을 이 땅에 내리신 것은 사람들의 악한 생각 때문입니다.

"여호와께서 사람의 죄악이 세상에 가득함과 그의 마음으로 생각하는 모든 계획이 항상 악할 뿐임을 보시고 땅 위에 사람 지으셨음을 한탄하사 마음에 근심하시고"창 6:5-6.

사도 바울은 우리가 구하고 생각하는 모든 것에 하나님이 더 넘치도록 행하신다고 합니다.

"우리 가운데서 역사하시는 능력대로 우리가 구하거나 생각하는 모든 것에 더 넘치도록 능히 하실 이에게"엡 3:20.

그러므로 생각하는 법을 잘 배우기 위해서는 먼저 생각이 얼마나 중요한지를 절실하게 깨달아야 합니다.

말씀 묵상을 통해 생각을 다스리는 법을 배우십시오

무엇을 생각하느냐가 중요합니다. 말씀을 묵상하는 것, 좋은 생각을 하는 것이 중요합니다. 그렇지만 거기에만 머물러 있어서는 안 됩니다. 어떻게 생각하느냐를 배워야 합니다. 같은 말씀이라도 어떻게 생각하느냐에 따라 깨닫는 것이 달라지기 때문입니다.

생각하는 법을 배운다는 것은 생각을 다스리는 법, 즉 생각을 통제하고 조절하는 법을 배우는 것입니다. 생각을 잘 다스린다는 것은 생각을 분별하고 선택하는 것을 의미합니다. 여기서 우리는 생각이 무엇인지를 알아야 합니다. 생각할 때 어떤 일이 벌어지는지를 살펴 보아야 합니다. 생각하는 것도 힘든 일인데 생각에 대해 생각하는 일 역시 참으로 어렵습니다.

생각과 관련한 책을 읽는 중에, 생각이라는 정신 활동을 아주 잘 설명해 준 책을 만났습니다. 빈센트 라이언 루기에의 책으로 그는 생각에 대해 다음과 같이 정의합니다.

생각이란 어떤 문제를 공식화하거나 해결하는데, 또는 결정을 내리는데, 또는 뭔가를 이해하려는 열망을 충족시키는데 도움이 되는 모든 정신적 활동을 말한다. 생각이란 해답을 찾아 나가는 활동이며, 의미에 이르는 활동이다. … 생각하는 과정에는 수많은 정신 활동이 포함된다. 그중에서도 가장 중요한 것은 면밀한 관찰, 기억, 궁금증, 상상, 의문, 해석, 평가, 그리고 판단 등이다. 이런 활동 가운데 일부는 우리가 어떤 문제를 해결하거나 결정을 내릴 때처럼 종종 복합적으로 작용한다. 이를테면 어떤 아이디어나 딜레마를 식별하여 적절히 대처하며, 질문과 해석과 분석을 이용해서 마침내 결론이나 결정에 도달할 수 있다「생각의 완성」, 20쪽.

이 책이 말하는 것처럼 생각하는 과정은 수많은 정신 활동을 포함합니다. 면밀한 관찰, 기억, 호기심, 상상력, 질문, 평가, 그리고 분별하는 판단력 등이 함께 작용하는 것입니다. 생각의 과정이 결코 단순하지 않음을 보여 주는 대목입니다. 어떤 문제를 해결하기 위해 숙고할 때, 우리도 모르는 사이에 아주 복합적인 작용이 함께 이루어지고 있는 것입니다.

그렇다면 말씀을 묵상할 때는 어떤 일이 벌어질까요? 말씀을 묵상하는 것도 단순히 성경을 펴서 읽는 행위가 아닙니다. 이해를 돕기 위해 저의 말씀 묵상 방법을 잠시 설명해 드리려고 합니다.

말씀을 묵상할 때, 저는 먼저 묵상하려고 하는 본문을 펴서 읽으며 주의 깊게 관찰합니다. 말씀을 관찰하면서 제일 먼저 본문에서 만나는 하나님에 대해 묵상합니다. 그러고는 조용히 질문을 합니다. 제가 주로 하는 질문은 다음과 같습니다.

하나님이 어떤 분이신지, 말씀 속에서 새롭게 깨달은 진리는 무엇인지, 말씀 속에 담긴 하나님의 원리나 법칙은 무엇인지에 대해 질문하고 묵상합니다. 또한 말씀에서 가르쳐 주는 인생이란 무엇이며, 인간이란 어떤 존재인지를 질문하면서 묵상합니다. 그리고 말씀을 통해 회개해야 할 죄는 무엇인지, 순종해야 명령은 무엇인지, 간절히 붙잡고 간구해야 할 약속은 무엇인지를 질문하며 묵상합니다. 따라야 할 좋은 모범이 있으면 배우고, 피해야 할 오류가 있으면 반면교사로 삼습니다.

말씀 묵상하는 과정에서 우선 관찰을 잘해야 합니다. 관찰을 잘하면 지극히 평범한 사건 속에서 하나님의 손길과 섭리를 발견하게 됩니다. 평범한 사건 속에 담긴 보석을 발견하게 됩니다. 이 과정에서 익숙했던 말씀들이 새롭게 태어나는 것을 경험하게 됩니다. 묵상이 깊어지면 거룩한 상상력을 사용해서 말씀 속으로 직접 들어가 말씀의 현장을 직접 경험하게 되기 때문입니다.

말씀을 관찰할 때, 육하원칙에 따라 질문하면서 관찰하면 아주 좋습니다. 말씀 해석뿐 아니라 그 말씀을 잘 적용할 수 있도록 돕기 때문입니다.

누가 : 하나님은 어떤 분이신가? 등장인물은 누구인가? 등장 인물의 이름의 뜻, 직업, 역할, 태도, 관계에 대해 질문해 봅니다.

무엇을 : 무슨 내용을 기록했는가? 중심 사건은 무엇인가? 대화인가? 논쟁인가? 기적인가? 설교인가? 치유인가? 편지인가?

어디서 : 사건이 어디서 일어났는가? 그 장소가 주는 의미는 무엇인가?

언제 : 사건이 언제 일어났는가? 그 때가 의미하는 바는 무엇인가?

어떻게 : 사건이 어떻게 진행되었는가?

왜 : 사건이 왜 일어났는가? 명백한 이유는 무엇인가? 숨겨진 더 깊은 이유가 있는가?

이렇게 여섯 가지 질문을 통해 사건이 어떤 결과에 이르게 되었는지를 살펴보면, 우리가 어떻게 생각하고 말하고 행동해야 할지를 자신에게 적용할 수 있게 됩니다. 이 과정에서 우리가 잘 의식하지 못하는 일이 벌어집니다. 그것은 말씀을 묵상할 때, 성령님이 친히 오셔서 그 말씀을 깨닫게 해주신다는 것입니다.

> "너희는 주께 받은 바 기름 부음이 너희 안에 거하나니 아무도 너희를 가르칠 필요가 없고 오직 그의 기름 부음이 모든 것을 너희에게 가르치며 또 참되고 거짓이 없으니 너희를 가르치신 그대로 주 안에 거하라" 요일 2:27.

성령님이 오시면 우리에게 말씀의 뜻을 친히 가르쳐 주시고, 또한 예수님이 하신 말씀을 생각나게 하십니다. 즉, 우리가 이미 듣고, 암송하고 있는 말씀들을 생각나게 해주십니다.

"보혜사 곧 아버지께서 내 이름으로 보내실 성령 그가 너희에게 모든 것을 가르치고 내가 너희에게 말한 모든 것을 생각나게 하리라" 요 14:26.

또한 성령님의 도우심으로 묵상한 말씀을 해석하고 적용하는 가운데 과거의 사건이나 현재 직면하고 있는 문제들이 떠오르게 됩니다. 우리는 그 과정에서 과거의 사건을 말씀을 통해 새롭게 해석하게 됩니다. 고통스런 고난을 말씀을 통해 새로운 관점으로 해석하게 됩니다. 현재 직면한 문제를 하나님의 관점으로 바라보면서 해결책을 얻게 됩니다. 우리는 이 과정을 통과하며 하나님에 대해, 인생에 대해, 인간에 대해 깊은 통찰력을 얻게 됩니다. 자신의 생각을 분별하고 다스리게 됩니다. 모든 생각을 그리스도에게 복종시키게 됩니다.

바울은 모든 생각을 사로잡아 그리스도에게 복종하라고 권면합니다. 어떻게 하는 것이 모든 생각을 그리스도에게 복종시키는 것일까요?

첫째, 잠시 멈추어 떠오르는 생각을 관찰하고 분별하십시오

먼저 생각이 어디서 왔는지를 분별해야 합니다. 우리의 생각은 어디서 오는 것일까요? 어떤 생각은 마귀가 집어넣기도 합니다.

"마귀가 벌써 시몬의 아들 가룟 유다의 마음에 예수를 팔려는 생각을 넣었더라"요 13:2.

가룟 유다의 마음에 예수를 팔려는 생각을 집어넣은 것은 마귀였습니다. 우리는 우리의 생각이 어디서 왔는지를 잘 분별해야 합니다. 나쁜 생각, 육신의 생각이 있는 반면 좋은 생각, 영의 생각이 있습니다. 하나님의 생각이 있는 반면 마귀의 생각이 있습니다. 그래서 우리는 생각을 잘 지켜야 합니다. 잘못하면 마귀가 우리에게 나쁜 생각을 넣을 수 있기 때문입니다.

"사람들이 잘 때에 그 원수가 와서 곡식 가운데 가라지를 덧뿌리고 갔더니"마 13:25.

둘째, 나쁜 생각을 사로잡아 그리스도에게 복종시키십시오

나쁜 생각은 하나님을 대적하는 생각입니다. 하나님을 무시하고 의심하는 생각입니다. 죄를 짓게 하는 생각입니다. 더러운 생각입니다. 육신의 생각은 우리를 하나님과 원수가 되게 합니다. 이런 생각들은 그리스도 앞에 복종시켜야 합니다. 회개하며 물리쳐야 합니다.

우리의 생각 가운데 미숙한 생각과 성숙한 생각이 있는데 미숙한 생각은 분별력이 없는 생각입니다. 이기적인 생각입니다. 우리는 그런 생각들을 그리스도 앞에 가지고 나와 성숙한 생각으로 변화시켜야 합니다.

"내가 어렸을 때에는 말하는 것이 어린아이와 같고 깨닫는 것이 어린아이와 같고 생각하는 것이 어린아이와 같다가 장성한 사람이 되어서는 어린아이의 일을 버렸노라"고전 13:11.

셋째, 나쁜 생각을 좋은 생각으로 변화시키는 훈련을 하십시오

나쁜 생각을 좋은 생각으로 변화시키는 것은 말씀을 묵상할 때 아주 중요한 훈련입니다. 세상의 생각들을 변화시킬 때 우리의 마음이 변화됩니다.

"너희는 이 세대를 본받지 말고 오직 마음을 새롭게 함으로 변화를 받아 하나님의 선하시고 기뻐하시고 온전하신 뜻이 무엇인지 분별하도록 하라"롬 12:2.

생각을 변화시키는 기술은 아주 중요한 기술입니다. 생각을 잘 훈련하면 생각을 전환시킬 수 있기 때문입니다.

육의 생각을 영의 생각으로
마귀의 생각을 하나님의 생각으로

부정적인 생각을 긍정적인 생각으로
어두운 생각을 밝은 생각으로
염려하는 생각을 평강의 생각으로
절망적인 생각을 희망적인 생각으로
불가능하다는 생각을 가능하다는 생각으로
의심하는 생각을 믿음의 생각으로
미워하는 생각을 사랑하는 생각으로
원한 맺힌 생각을 용서하는 생각으로
용납하지 못하는 생각을 관용하는 생각으로
교만한 생각을 겸손한 생각으로
율법적 생각을 복음적 생각으로 전환시키십시오.

넷째, 좋은 생각을 선택해서 그 생각에 머물도록 하십시오

우리는 얼마든지 생각을 선택할 수 있습니다. 텔레비전 채널을 선택할 수 있듯이, 우리는 생각의 채널을 선택할 수 있습니다. 바울은 우리에게 고상하고 가치 있는 것들을 생각하라고 권면합니다.

"끝으로 형제들아 무엇에든지 참되며 무엇에든지 경건하며 무엇에든지 옳으며 무엇에든지 정결하며 무엇에든지 사랑받을 만하며 무엇에든지 칭찬받을 만하며 무슨 덕이 있든지 무슨 기림이 있든지 이것들을 생각하라"빌 4:8.

"위의 것을 생각하고 땅의 것을 생각하지 말라"골 3:2.

그리스도인들은 기독교적 관점으로, 성경적 관점으로 생각해야 합니다. 고든 맥도날드를 통해 우리는 좋은 생각이 무엇인지를 배울 수 있습니다.

기독적으로 생각한다는 것은, 이 세계가 하나님이 만드신 것이요 그분의 소유라는 것, 우리는 창조 세계에 대해 우리가 한 행위에 대해 장차 책임을 져야 한다는 것, 하나님의 법에 따라 선택을 내리는 것이 중요하다는 것 등의 관점으로 세상을 보는 것을 의미한다. 성경은 이것을 가리켜 청지기적이라고 부른다. 기독교적 사고는 모든 쟁점과 사상을 하나님이 원하시는, 그리고 그분께 영광을 돌리는 관점에서 조망한다"내면 세계의 질서와 영적 성장』, IVP, 191쪽.

좋은 생각이란 하나님이 원하시는 쪽으로 생각하는 것입니다. 하나님의 생각을 따라 생각하는 것입니다. 하나님께 영광을 돌리는 쪽으로 생각하는 것입니다. 우리를 향하신 하나님의 생각은 무엇일까요?

"여호와의 말씀이니라 너희를 향한 나의 생각을 내가 아나니 평안이요 재앙이 아니니라 너희에게 미래와 희망을 주는 것이니라"렘 29:11.

만일 마음속에 재앙을 생각한다면 그것은 하나님의 생각이 아닙니다. 우리를 향하신 하나님의 생각은 평안입니다. 미래와 희망을 주는 것입니다. 그러므로 우리는 하나님의 생각을 따라 평안을 생각해야 합니다. 희망찬 미래를 생각해야 합니다.

하나님은 우리를 어떻게 생각하실까요? 하나님은 말씀을 통해 예수님을 믿은 후 우리가 어떤 사람으로 변화되었는지를 말해 줍니다. 우리는 하나님의 생각, 하나님의 말씀을 기준으로 자신을 생각해야 합니다. 우리는 예수님을 믿음으로 하나님의 자녀가 되었습니다. 우리는 천국의 상속자입니다. 우리는 성령님이 거하시는 성전입니다. 우리는 의인입니다. 우리는 무한한 가능성을 가진 존재입니다.

우리는 하나님의 사명을 이루기 위해 이 땅에 태어났습니다. 하나님이 우리 안에 재능과 은사를 부어 주셨습니다. 성령님을 통해 하나님의 사랑을 부어 주셨습니다. 우리는 능력을 주시는 예수님 안에서 모든 것을 할 수 있습니다. 하나님은 결코 우리를 버리지도, 떠나지도 아니하십니다. 하나님은 우리를 사랑하십니다. 하나님은 우리를 돌보십니다.

말씀 묵상을 통해 지속적으로
생각을 다스리는 훈련을 하십시오

저는 생각한다는 것이 참으로 위대한 일이라는 것을 고든 맥도날드의 「내면 세계의 질서와 영적 성장」을 반복해서 읽는 중에 깨달았습니다.

생각한다는 것은 위대한 일이다. 마치 잘 단련되고 다듬어진 신체가 경주에서 잘 달릴 수 있듯이, 잘 훈련되고 온전히 형성된 지성이 가장 잘 생각할 수 있다. 최선의 사고는 모든 피조물을 통치하시는 왕 되신 하나님을 경외하는 마음으로 할 때 비로소 가능하다. … 만약 내가 잘 버텨서 잠재력을 최대한 발휘하는 유용한 사람이 된다면, 그것은 내가 재능이 많거나 높은 학위를 가졌기 때문이 아니라 지성이라는 근육을 잘 사용하여 멋진 모양으로 다듬는 법을 배웠기 때문이다

「내면 세계의 질서와 영적 성장」, 179쪽.

고든 맥도날드의 이 고백은 사실 저의 고백이기도 합니다. 저는 부족한 종입니다. 그럼에도 말씀을 전하고 책을 쓰며 수많은 사람들에게 영향력을 끼칠 수 있게 된 것은, 바로 생각의 근육을 잘 사용하고 키웠기 때문입니다. 물론 모두 하나님의 은혜입니다. 말씀

묵상을 하게 된 것도, 좋은 책을 통해 지성을 개발한 것도 하나님의 은혜입니다. 하나님의 은혜로 저는 생각의 근육을 키움으로 지성의 근육을 발달시킬 수 있었습니다. 생각을 잘하는 법을 배움으로 놀라운 축복을 받았습니다.

저는 말씀 묵상을 하며 생각을 통해 상상하는 법을 배웠습니다. 꿈꾸는 법을 배우고 놀라운 아이디어를 얻었습니다. 생각을 통해 문제를 해결하는 관점과 지혜를 얻게 되었고, 하나님과 인생, 그리고 사람에 대한 지식을 얻었습니다. 그런 지식을 통해 저의 생각과 다른 사람들의 생각을 분별하는 법을 배웠습니다.

머릿속에 떠오르는 생각이 다 옳은 것이 아닙니다. 다 좋은 것이 아닙니다. 그러므로 생각이 떠오르면 잠시 멈추도록 하십시오. 그리고 그 생각을 바라보십시오. 모든 생각을 그리스도에게 사로잡아 오십시오. 이미 말씀드린 것처럼 어떤 생각은 마귀가, 어떤 생각은 우리의 욕심이 만들어 내기도 합니다. 또한 어떤 생각은 접촉을 통해 내 안에 들어오기도 합니다. 우리가 읽는 것, 보는 것, 만나는 사람을 통해 우리의 생각이 형성되는 것입니다. 좋은 접촉이 좋은 생각을 만들어냅니다. 그중에서도 말씀과의 접촉이 최상의 접촉입니다. 저는 하나님의 말씀을 통해 하나님의 생각, 좋은 생각, 복된 생각을 하게 되었습니다. 그것이 축복입니다.

에머슨의 말처럼 생각이 곧 열쇠입니다. 생각이 창조의 열쇠입니다. 생각이 평강의 열쇠이자 행복의 열쇠입니다. 생각이 형통과 성취의 열쇠입니다. 생각이 사랑의 열쇠입니다.

또한 생각은 파장을 일으킵니다. 생각은 에너지입니다. 한두 번의 생각이 큰 에너지가 되는 것은 아닙니다. 지속적으로 생각하고 묵상할 때, 그 생각은 엄청난 에너지가 됩니다. 생각하는 것이 현실로 나타납니다. 생각이 곧 실재가 되는 것입니다.

생각이 주는 영향력은 정말 놀랍습니다. 생각을 바꾸면 과거가 새롭게 재구성됩니다. 생각을 바꾸면 관계가 새롭게 창조됩니다. 생각을 바꾸면 미래가 바뀝니다. 모든 위대한 아이디어와 성취는 생각을 통해 시작되었습니다. 그러므로 우리는 모든 언어와 태도와 행동과 환경의 뿌리가 되는 생각을 잘 다스려야 합니다. 좋은 생각을 선택하고, 그 생각에 머무는 훈련을 지속하십시오. 좋은 생각을 따라 행동하며 놀라운 성취를 이루십시오. 무엇보다 예수님처럼 생각하고 행동함으로 예수님을 닮아 가는 것이 중요합니다.

· 말씀 묵상과 고요함의 영성 ·

보이지 않는 속사람을
잘 가꾸십시오

"주 여호와 이스라엘의 거룩하신 이가 이같이 말씀하시되 너희가 돌이켜 조용히 있어야 구원을 얻을 것이요 잠잠하고 신뢰하여야 힘을 얻을 것이거늘 너희가 원하지 아니하고"사 30:15.

말씀 묵상을 통해 속사람을 가꾸십시오

말씀은 영혼의 양식입니다. 그래서 말씀을 묵상할 때, 우리는 영혼을 가꿀 수 있습니다. 영혼은 보이지 않습니다. 영혼은 우리 내면에 있습니다. 영혼을 가꾸는 것은 속사람을 가꾸는 것이요, 마음을 가꾸는 것입니다.

우리 눈에는 보이지 않는 곳이 있습니다. 나무의 뿌리가 그렇습니다. 하지만 뿌리로부터 나무는 시작되고, 생수를 공급받습니다. 뿌리가 없는 나무는 없습니다. 엄밀한 의미에서 뿌리는 나무의 본질입니다. 그래서 뿌리가 병들면 나무는 서서히 죽게 되는 것입니다.

사람도 마찬가지입니다. 우리에게는 영과 혼과 몸이 있습니다. 몸은 보이지만 혼과 영은 보이지 않습니다. 속사람은 보이지 않는 혼과 영을 말합니다. 즉, 보이지 않는 내면세계인 마음을 가리킵니다. 그리고 그 마음속에는 무의식과 잠재의식이 모두 담겨 있습니다.

저는 미국에 와서 중고차를 오랫동안 타고 다녔습니다. 중고차를 살 때 살펴보아야 하는 것은 사실 보이지 않는 부분입니다. 외양만 보고 샀다가는 낭패를 당하게 됩니다. 자동차에서 보이지 않는 부분에 감춰진 엔진이 중요하듯이 우리에게 중요한 것은 보이지 않는 영혼입니다. 달라스 윌라드는 우리의 삶을 조정하고 움직이는 것은 육체가 아니라 마음이라고 강조합니다.

> 우리는 마음으로 산다. 우리 삶을 조정하고 관리하는 부분은 육체가 아니다. 아무리 부인해도 불변의 사실이다. 당신 안에는 심령spirit이 있다. 그 심령은 어떤 식으로든 개발돼 왔고 특정한 성품을 입고 있다
> 「마음의 혁신」, 복있는 사람, 21쪽.

자동차가 보이지 않는 엔진에 의해 움직여지듯, 우리 인생도 보이지 않는 마음의 생각, 의지, 선택, 성품에 의해서 이루어집니다. 영성을 추구한다는 것은 예수님의 정신을 따라 사는 것을 의미합니다. 예수님의 형상과 성품을 닮아 가는 것을 의미합니다. 이 모

든 것이 우리의 내면 즉, 마음에서 시작됩니다. 달라스 윌라드의 말에 조금 더 귀 기울여 보십시오.

> 지금의 삶과 마땅히 살아야 할 삶의 가장 중요한 요소는 인간 '내면'에 있다는 것이다. 물론 좋은 일과 궂은 일이 우리에게 닥친다. 그러나 어떤 삶을 사느냐 하는 것은 전부는 몰라도 다분히 내면의 문제다. 적어도 성년에 이른 자들은 그렇다. 영성 개발의 장場도 '내면'이요 후에 마음이 변화되는 장도 '내면'이다.
> 우리의 생각과 감정과 의지가 내면에 있고, 그런 것들의 가장 깊은 출처도 무엇이 됐든 내면에 있다. 우리가 살아가는 순간과 시간과 날과 해의 삶은 숨은 심연에서 나온다. 우리가 어떤 존재가 되어 어떻게 사는가에서 '마음'의 실상보다 더 중요한 것은 없다『마음의 혁신』, 25-26쪽.

그럼 보이지 않는 마음을 어떻게 가꾸는 것이 좋을까요? 사도 베드로는 다음과 같이 권면합니다.

> "너희 단장은 머리를 꾸미고 금을 차고 아름다운 옷을 입는 외모로 하지 말고 오직 마음에 숨은 사람을 온유하고 안정한 심령의 썩지 아니할 것으로 하라 이는 하나님 앞에 값진 것이니라"벧전 3:3-4.

베드로는 마음을 단장하라고 말합니다. 단장이란 손질하여 꾸미는 것을 말합니다. 우리는 누구나 단장을 하며 삽니다. 그러나 베드로는 외모만이 아니라 마음에 숨은 사람을 단장하라고 말합니다. 그것이 하나님 앞에 값진 것이기 때문입니다. 하나님은 외모보다 중심을 보시기 때문입니다. 우리의 속사람 안에 우리의 성품이 담겨 있고, 믿음이 담겨 있습니다. 사도 베드로가 말하는 안정한 심령이란 고요한 심령을 의미합니다. 왜 우리는 우리의 속사람을 고요하게 가꿔야 할까요? 그 답은 바로 이사야 30장 15절에 있습니다.

"주 여호와 이스라엘의 거룩하신 이가 이같이 말씀하시되 너희가 돌이켜 조용히 있어야 구원을 얻을 것이요 잠잠하고 신뢰하여야 힘을 얻을 것이거늘 너희가 원하지 아니하고"사 30:15.

하나님은 구원을 얻으려면 돌이키라고 말씀하십니다. 즉, 회개하라는 것입니다. 그리고 조용히 있으라고 말씀하십니다. 조용히 있는 것은 곧 안식한다는 말입니다. 회개하고 하나님 안에서 안식할 때 구원이 임한다는 것입니다. 또한 잠잠히 하나님을 신뢰할 때 힘을 얻는다고 말씀하십니다. 하나님이 주시는 힘은 잠잠함, 즉 고요함에서 나온다는 것입니다. 고요함의 원천은 하나님을 신뢰하는 데 있습니다. 저는 말씀 묵상을 통해 고요함의 영성을 추구하는 법을 배웠습니다. 마음을 고요하게 가꾸는 법을 배웠습니다. 항상 마음이 고요할 수는 없습니다. 그러나 마음을 고요히 가꾸는 법을 배우고, 날마다 마음을 고요하게 가꾸며 살아가기 위해 노력하는 것은 참으로 중요합니다. 이제 말씀 묵상을 통해 경험한 고요함의 영성을 나누려고 합니다.

고요함의 영성은 보이지 않는 내면을 가꾸는 것입니다

말씀 묵상을 통해 저는 내면세계에 대해 배웠습니다. 외모지상주의 세상에서 외모보다 더 중요한 내면이 있다는 것을 배운 것은 제 인생의 큰 전환점이었습니다. 예수님은 보이지 않는 마음, 즉 속사람에 대해 말씀하십니다. 예수님은 바리새인들을 향해 겉모습은 깨끗해 보이지만 마음은 탐욕과 방탕으로 가득 차 있다고 말씀하십니다.

> "화 있을진저 외식하는 서기관들과 바리새인들이여 잔과 대접의 겉은 깨끗이 하되 그 안에는 탐욕과 방탕으로 가득하게 하는도다 눈 먼 바리새인들이여 너는 먼저 안을 깨끗이 하라 그리하면 겉도 깨끗하리라" 마 23:25-26.

바울은 우리 속사람에 대해 자주 언급했습니다.

"그러므로 우리가 낙심하지 아니하노니 우리의 겉사람은 낡아지나 우리의 속사람은 날로 새로워지도다"고후 4:16.
"나의 자녀들아 너희 속에 그리스도의 형상을 이루기까지 다시 너희를 위하여 해산하는 수고를 하노니"갈 4:19.

바울은 우리의 외모가 아니라 우리 속사람을 통해 그리스도의 형상이 이루어진다고 강조합니다. 그렇다면 그리스도의 형상은 무엇을 의미할까요? 그것은 예수님을 닮은 성품을 의미합니다. 바울은 예수님을 닮은 성품이 우리 안에서 형성되는 것을 갈망했습니다. 또한 속사람이 성령님으로 말미암아 강건해지길 기도했습니다.

"그의 영광의 풍성함을 따라 그의 성령으로 말미암아 너희 속사람을 능력으로 강건하게 하시오며"엡 3:16.

우리에게는 속사람이 있습니다. 보이지 않는 내면이 있습니다. 이 사실을 먼저 의식해야 합니다. 우리의 속사람은 예수님의 형상을 닮아야 합니다. 능력으로 강건해야 하며, 깨끗하고 고요해야 합니다. 나무가 깊이 뿌리를 내리듯이, 우리 영혼도 예수님께 깊이 뿌리내려야 합니다. 보이지 않는 속사람을 잘 가꾸어야 합니다.

고든 맥도날드는 「리더는 무엇으로 사는가」라는 책에서 고요한 영혼을 가꾸는 것이 얼마나 중요한지를 브루클린 다리 이야기를 통해 전합니다.

브루클린 다리는 이스트 강 위로 아치형을 그리며 맨해튼과 브루클린을 연결시켜 주는 건축물이다. 1872년 6월, 이 다리 공사의 설계 책임자는 이렇게 보고했다. "수면 위로 아무것도 보이지 않는다고 해서, 뉴욕 타워를 위해 아무런 작업도 하지 않았을 것이라고 생각하는 일반 대중에게 간단하게라도 해명하고 싶습니다. 지난겨울 토대를 쌓기 위해 수면 아래 쏟아 부은 석조와 콘크리트의 양이, 지금 눈에 보이는 브루클린 타워에 사용된 양과 동일하다는 것을 이야기하고 싶습니다."

브루클린 다리는 오늘날 여전히 뉴욕의 중요한 운송 동맥으로 남아 있다. 135년 전 그 다리의 설계 책임자와 건설 팀이 아무도 볼 수 없는 곳, 즉 수면 아래에서 그 건물의 기초를 닦기 위해 인내하며 위험한 작업을 감수한 덕분이다. 이 이야기는 리더십에 관한 변함없는 원리를 보여 준다. 리더가 오랜 세월과 도전을 견뎌 낼 수 있느냐는, 수면 아래에서(리더의 영혼 안에서) 하는 작업에 달려 있다. 우리는 그 작업을 예배, 경건의 시간, 영성 훈련이라 부른다. 그 작업은 조용한 가운데, 그 누구도 아닌 하나님만이 보시는 곳에서 이루어진다「리더는 무엇으로 사는가」, IVP, 7-8쪽.

혹시 우리는 외모를 가꾸는 데만 관심을 갖고 내면을 가꾸는 데는 소홀하지 않았는지를 점검해 볼 필요가 있습니다. 하나님은 우리가 내면에 관심을 갖고 내면을 잘 가꾸기를 원하십니다. 하나님은 우리 내면에 찾아오셔서, 우리를 만나길 원하시기 때문입니다.

말씀 묵상을 통해 고요함의 영성을 추구하십시오

말씀 묵상을 통해 고요한 마음을 가꾸는 지혜를 배울 수 있습니다. 우리 영혼은 시끄러운 것을 싫어합니다. 영혼은 고요한 것을 좋아합니다. 우리 영혼은 고요하신 하나님께로부터 왔기 때문입니다. 하나님은 고요하신 분입니다. 우리는 하나님이 창조하신 자연을 통해 고요함을 배웁니다. 나무는 고요히 자신의 자리를 지킵니다. 고요히 철을 따라 꽃을 피우고 열매를 맺기 위해 기다립니다. 산도 고요합니다. 요동치 않습니다. 반석도 고요합니다. 흔들리지 않습니다.

말씀 묵상을 우리가 익숙한 말로 하면 Q.T.입니다. 큐티는 영어 'Quiet Time'의 약자입니다. 곧, 고요한 시간에 말씀을 열고 하나님을 만나 교제하는 것입니다. 고요히 말씀을 통해 하나님을 만나 안식하며 하나님의 음성을 들으며 지친 영혼이 소생하는 시간을 갖는 것이 큐티입니다.

다윗은 목동이었습니다. 그는 양을 잘 알았습니다. 하나님이 만드신 피조물 가운데 인간의 속성과 가장 가까운 동물이 양이라고 합니다. 양은 목자가 있어야 합니다. 목자의 인도를 받아야 하고, 목자가 주는 꼴을 먹어야 합니다. 양은 시끄럽거나 불안하면 안식하지 못합니다. 양은 조용한 것을 좋아합니다. 다윗은 하나님이 자신의 목자가 되시며, 자신은 하나님이 기르시는 양이라고 고백합니다. 다윗은 시편 23편에서 목자 되신 하나님을 찬양합니다.

> "여호와는 나의 목자시니 내게 부족함이 없으리로다 그가 나를 푸른 풀밭에 누이시며 쉴 만한 물가로 인도하시는도다 내 영혼을 소생시키시고 자기 이름을 위하여 의의 길로 인도하시는도다"시 23:1-3.

다윗은 양이 조용한 것을 좋아한다는 것을 알고 있었습니다. 양은 시끄러우면 안식하지 못합니다. 양은 불안하면 안식하지 못합니다. 그래서 목자는 양을 인도할 때, 쉴 만한 물가로 인도합니다. 쉴 만한 물가란 잔잔하고 고요한 물가입니다. 그곳에서 목자는 양의 영혼을 소생시킵니다. 우리 영혼도 고요한 것을 좋아합니다. 우리 영혼은 고요한 곳에서 말씀의 꿀을 먹고 생수를 마실 때, 영혼이 소생하는 것을 경험합니다. 하나님이 우리를 고요한 물가로 인도하시는 이유가 있습니다.

첫째, 마음이 고요할 때 하나님의 음성을 잘 듣게 됩니다

시끄러우면 잘 들리지 않습니다. 고요해야 하나님의 음성을 잘 들을 수 있습니다. 우리 영혼은 하나님의 음성을 들을 때, 즐거움을 얻습니다. 영혼이 살아납니다.

> "너희가 어찌하여 양식이 아닌 것을 위하여 은을 달아 주며 배부르게 하지 못할 것을 위하여 수고하느냐 내게 듣고 들을지어다 그리하면 너희가 좋은 것을 먹을 것이며 너희 자신들이 기름진 것으로 즐거움을 얻으리라 너희는 귀를 기울이고 내게로 나아와 들으라 그리하면 너희의 영혼이 살리라 내가 너희를 위하여 영원한 언약을 맺으리니 곧 다윗에게 허락한 확실한 은혜이니라"
> 사 55:2-3.

우리 영혼은 하나님의 음성을 들을 때, 놀라운 기쁨을 누리게 됩니다. 고요함 속으로 들어갈 때, 신비로운 음성을 듣게 됩니다. 안셀름 그륀은 고요함을 '내면의 귀를 열어 주는 문'이라고 말합니다. 그는 고요함 가운데 하나님의 음성을 경험한 후 다음과 같이 고백합니다.

우리 영혼 안에는 쉽게 들을 수 없는 우주의 음이 울리고 있다. 우리가 흔히 듣지 못하는 하나님의 음률이. 고요함은 내면의 귀를 열어 주는 문이다. 이로써 우리는 영혼이 감지하는 놀라운 음률을 들을 수 있다. 이 음을 감지하는 순간, 지금껏 느껴보지 못한 내적인 기쁨을 경험하게 된다. 세상의 그 어떤 침묵도 훔쳐갈 수 없는 그런 기쁨을「하루를 살아도 행복하게」, 위즈덤하우스, 149쪽.

고요함 중에 거하는 양은 목자의 음성을 알고, 그 음성을 듣습니다. 그 음성을 들을 때 기뻐합니다. 그리고 그의 음성을 따라 인도를 받습니다.

> "문지기는 그를 위하여 문을 열고 그의 음성을 듣나니 그가 자기 양의 이름을 각각 불러 인도하여 내느니라 자기 양을 다 내놓은 후에 앞서 가면 양들이 그의 음성을 아는 고로 따라오되"
> 요 10:3-4.

둘째, 마음이 고요할 때 힘을 얻습니다

우리 육체에 힘이 필요하듯이 우리 마음에도 힘이 필요합니다. 마음이 낙심하거나 절망하면 힘을 잃게 됩니다. 불안하거나 두려울 때도 마찬가지입니다. 반면에 마음이 고요해지면 하나님이 주시는 힘을 얻게 됩니다. 마음의 고요는 하나님을 신뢰할 때 임하게 됩니다. 그리고 그때 위로부터 임하는 힘을 얻게 됩니다.

"주 여호와 이스라엘의 거룩하신 이가 이같이 말씀하시되 너희가 돌이켜 조용히 있어야 구원을 얻을 것이요 잠잠하고 신뢰하여야 힘을 얻을 것이거늘 너희가 원하지 아니하고"사 30:15.

하나님을 신뢰하는 것과 고요함은 불가분의 관계입니다. 우리가 하나님을 의심하거나 원망할 때, 마음의 고요함이 깨어집니다. 반면에 하나님을 전적으로 신뢰하고 모든 것을 맡길 때, 마음은 고요해집니다. 그때 하나님의 평강이 임하게 됩니다.

"주께서 심지가 견고한 자를 평강하고 평강하도록 지키시리니 이는 그가 주를 신뢰함이니이다 너희는 여호와를 영원히 신뢰하라 주 여호와는 영원한 반석이심이로다"사 26:3-4.

고요함의 신비는 고요함 중에 힘을 얻고, 평강 중에 임하는 하나님의 능력을 얻게 된다는 것입니다. 고요할수록 우리는 하나님이 기뻐하시는 것을 행할 수 있게 됩니다. 고요할수록 승리는 우리의 것이 되며 영향력은 더욱 커지게 됩니다.

셋째, 마음이 고요할 때 하나님의 지혜를 얻습니다

말씀을 묵상하며 고요히 하나님 앞에 엎드릴 때, 주님이 주시는 놀라운 지혜를 얻게 됩니다. 저는 하나님이 주시는 지혜를 잔잔한 호수에 비치는 하늘에 비유하고 싶습니다. 호수가 잔잔해지면 하늘이 수면 위에 비칩니다. 호숫가에 있는 나무와 밤의 달과 별이 호수에 비칩니다. 푸른 하늘에 떠 있는 흰 구름이 호수에 비칩니다. 고요해지면 보이는 것입니다.

지혜를 다른 말로 통찰력이라고 부릅니다. 통찰력이란 핵심을 간파하는 능력입니다. 본질을 파악하는 능력입니다. 문제의 원인을 파악하고, 그 해결책을 제시할 수 있는 능력입니다. 통찰력이 탁월해지려면 관찰을 잘해야 합니다. 관찰을 잘하기 위해서는 마음이 고요해야 합니다. 중요한 것은 눈으로 보는 것이 아니라 마음으로 볼 수 있기 때문입니다. 고요한 마음으로 관찰하면서 문제를 숙고하면 문제의 핵심이 보입니다. 또한 문제를 긍정적인 각도에서 보게 됩니다. 그때, 문제나 사건에 올바르게 대응하고 반응할 수 있습니다.

제임스 알렌은 고요함 그 자체가 지혜의 보석이라고 말합니다.

마음의 고요함은 지혜가 낳은 아름다운 보석이다. 그것은 오랫동안 끈기 있는 노력으로 자제심을 기른 결과이다. 고요한 마음은 원숙한 경험을 나타내며, 생각의 법칙과 작용에 관해 비범한 지식을 쌓았다는 것을 의미한다.『생각의 지혜』, 물푸레, 49쪽.

고요한 고독 속에 아름다운 작품이 창조됩니다. 고요할 때, 깨닫게 됩니다. 고요할 때, 눈이 열리고 천상의 영감이 임합니다. 고요하게 마음을 가꾸었던 다윗은 아름다운 시를 많이 남겼습니다. 그는 하나님이 만드신 자연 속에서 아무도 듣지 못한 소리를, 아무도 보지 못한 것을 보았습니다.

> "날은 날에게 말하고 밤은 밤에게 지식을 전하니 언어도 없고 말씀도 없으며 들리는 소리도 없으나 그의 소리가 온 땅에 통하고 그의 말씀이 세상 끝까지 이르도다 하나님이 해를 위하여 하늘에 장막을 베푸셨도다"시 19:2-4.

그는 고요함 중에 날이 날에게 말하는 소리를 들었습니다. 밤이 밤에게 지식을 전하는 소리를 들었습니다. 하나님이 해를 위하여 하늘에 장막을 베푸신 것을 보았습니다. 소리가 없는 소리가 온 땅에 통하고, 그의 말씀이 세상 끝에 이르는 것을 듣고 보았습니다. 그리고 이것을 한 편의 시로 적었습니다. 그의 시는 고요한 마음이 만들어 낸 작품입니다.

넷째, 마음이 고요할 때 좋은 관계를 맺습니다

마음이 불안하고 요동할 때 사람을 만나면 좋은 관계를 맺을 수 없습니다. 하지만 마음이 평안하고 고요할 때 우리는 사람들과 좋은 관계를 맺게 됩니다. 마음이 고요한 것은 곧 마음을 잘 다스리고 있음을 의미합니다. 마음을 잘 다스려 고요한 마음을 갖게 되면 좋지 않은 말이나 자극하는 말을 들었을 때도 민감하게 반응하지 않게 됩니다. 고요한 마음이 평정심을 불러오기 때문입니다.

마음이 평온한 사람은, 자신을 다스리는 법을 터득했기 때문에 다른 사람에게 자신을 맞추는 법도 안다. 그러면 사람들은 그의 정신적인 힘을 존경하고, 그에게서 많은 것을 배우고 그를 믿을 수 있다고 느끼게 된다. 마음이 점점 더 차분해질수록, 성공과 영향력도 커지고 선을 행하는 능력도 커진다 『생각의 지혜』, 49쪽.

마음을 고요하게 가꿀 줄 아는 사람은 지혜로운 사람입니다. 어떤 환경에서도 고요한 마음을 유지할 수 있다면 그는 세상에서 부러울 것이 없는 사람입니다.

"고요한 마음 앞에서는 온 우주가 고개를 숙인다." _ 장자

말씀 묵상을 통해 고요 속으로 들어가십시오

우리는 말씀 묵상을 통해 고요 속으로 들어갈 수 있습니다. 고요 속으로 들어간다는 것은 내면으로 들어간다는 것을 의미합니

다. 우리는 하나님의 성전입니다. 성전 안에는 지성소가 있습니다. 그리고 그곳에 은혜의 보좌가 있습니다. 우리는 언제든지 우리 내면에 있는 지성소에서 하나님을 만날 수 있습니다. 하나님을 만나는 곳은 고요합니다. 태풍의 눈이 고요하듯이 우리 내면 깊은 곳은 우리의 환경과 상관없이 고요합니다. 우리는 말씀을 통해 그 고요 속으로 들어가야 합니다.

영성 생활을 한다는 것은 우리 내면에 있는 성령의 샘에서 생수를 마시는 것을 의미합니다. 우리 내면에는 생명수가 있습니다. 잠언은 모든 지킬 만한 것보다 더욱 우리 마음을 지키라고 말합니다. 그 이유는 우리 마음에 생명의 근원이 있기 때문입니다.

> "모든 지킬 만한 것 중에 더욱 네 마음을 지키라 생명의 근원이 이에서 남이니라" 잠 4:23.

이 말씀을 현대인의 성경은 다음과 같이 번역했습니다.

> "그 무엇보다도 네 마음을 지켜라. 여기서부터 생명의 샘이 흘러나온다" 잠 4:23, 현대인의 성경.

우리가 내면을 가꿔야 하는 이유는 우리 마음에 생명의 샘이 있기 때문입니다. 내면의 고요 속으로 들어갈 때, 우리는 생명의 샘에서 나오는 생명수를 마실 수 있습니다. 우리 인생은 어떤 샘에서 물을 마시느냐에 따라 방향이 달라집니다. 사마리아 여인은 세상의 샘에서 물을 마셨습니다. 에로스라는 인간적인 사랑의 샘에서 물을 마셨습니다. 남편을 다섯이나 두었지만 만족하지 못했습니다. 그러나 그런 그녀에게 예수님은 말씀의 생수, 성령의 생수를 주셨습니다. 그 생수를 마시는 순간, 그녀의 인생은 바뀌었습니다. 지금 우리는 어떤 샘에서 물을 마시고 있습니까? 안셀름 그륀은 우리에게 어떤 샘물을 마셔야 할지를 알려줍니다.

우리는 사람들이 어떤 샘에서 힘을 얻어 살아가는지 알 수 있다. 불만과 괴로움으로 가득한 샘에서 산다면 주변에 부정적 영향을 줄 것이다. 자기 능력에 의존하는 샘에서 산다면 긴장으로 가득 차 자주 공격적이 될 것이다.
오늘날 많은 사람이 지쳐 있는 것은 우울한 마음의 샘, 완벽주의의 샘, 자신을 증명해야 한다는 의무의 샘, 공명심의 샘에서 살기 때문이다. 영성은 성령의 샘에서 사는 것이다. 그리스도인들에게 성령은 예수님의 영이시다「안셀름 그륀의 희망 메시지」, 바오로딸, 26쪽.

그는 우리에게 인생을 지치게 하고 파괴하는 샘이 아닌 성령의 샘에서 살라고 부탁합니다.

우리가 성령의 샘에서 산다면 우리 삶은 용솟음치고 많은 열매를 맺을 것이다. 더 이상 자신을 중심에 세우지 않고 더 큰 힘을 받아들일 것이다. 성령의 샘에서 살아가는 사람은 쉽게 지치지 않는다. 성령의 샘은 무한한 하느님의 샘이기에 지칠 줄 모른다「안셀름 그륀의 희망 메시지」, 27쪽.

그의 권면처럼 성령의 샘에서 살기 위해서는 먼저 고요한 내면으로 들어가야 합니다. 무엇보다 말씀으로 돌아가야 합니다. 말씀은 성령의 샘이요, 생명수의 원천이기 때문입니다.

그럼, 말씀 묵상이 어떻게 고요한 마음을 가꾸는 데 도움이 되는 것일까요?

첫째, 말씀 앞에서 기다릴 때 마음은 고요해집니다

말씀을 묵상한다는 것은 말씀을 통해 하나님의 음성을 기다리는 것입니다. 말씀 속에서 우리에게 말씀하시는 하나님을 기다리는 것입니다. 마음의 고요는 산만함을 극복할 때, 누릴 수 있는 축복입니다. 우리 마음은 쉽게 산만해지고 거친 파도처럼 요동칠 때가 많습니다. 그때 우리가 할 일은 조용히 말씀을 펴고 기다리는 것입니다. 마음에 고요가 쉽게 깃들지 않더라도 끝까지 기다려야 하는 것입니다.

기다리는 동안에 우리가 해야 할 일은 하나님께 모든 것을 맡기는 것입니다. 맡긴다는 것은 신뢰하는 것입니다. 하나님을 신뢰할 때, 우리는 모든 것을 맡길 수 있습니다. 하나님께 모든 것을 맡기고, 하나님이 친히 우리를 위해 일하시도록 하는 것입니다.

"네 길을 여호와께 맡기라 그를 의지하면 그가 이루시고"시 37:5.

어떤 불평도 하지 말고 하나님 앞에서 잠잠히 기다릴 때, 고요함이 임하게 됩니다.

"여호와 앞에 잠잠하고 참고 기다리라 자기 길이 형통하며 악한 꾀를 이루는 자 때문에 불평하지 말지어다 분을 그치고 노를 버리며 불평하지 말라 오히려 악을 만들 뿐이라"시 37:7-8.

악한 꾀를 이루는 사람들 때문에 불평하지 마십시오. 분노하지 마십시오. 그러면 마음의 고요함이 깨어집니다. 모든 것을 하나님의 손에 맡기십시오. 자신의 정당성을 주장하지 마십시오. 하나님이 모든 것을, 그분의 때에 이루시도록 맡기십시오.

기다리는 동안 우리가 해야 할 일은 하나님 앞에 무거운 짐을 내려놓는 것입니다. 우리가 감당할 수 없는 짐을 내려놓는 것입니다. 쉼은 맡김과 내려놓음, 그리고 신뢰를 통해 찾아옵니다. 이사야 30장 15절의 말씀을 거듭 기억하십시오. 잠잠하고 신뢰하여야 힘을 얻습니다.

둘째, 말씀에 집중하고 몰입할 때 마음은 고요해집니다

말씀을 묵상한다는 것은 서둘러 말씀을 읽는 것이 아니라 말씀 속으로 깊이 들어가는 것을 의미합니다. 말씀에 집중할 때, 우리는 몰입의 경지에 들어가게 됩니다. 몰입의 경지라는 것은 말씀 속에 빠져들어 우리 자신을 잊을 정도의 경지를 의미합니다. 바로 그때 우리는 놀라운 깨달음을 얻게 됩니다. 참된 기쁨 속에 들어가게 됩니다.

몰입의 경지에 들어갈 때, 우리 마음은 고요해집니다. 평화로워집니다. 고요한 마음은 집중할 때 얻을 수 있는 선물입니다. 말씀을 묵상할 때 마음을 울리는 한 문장이나 한 낱말을 붙잡으십시오. 그것을 가지고 묵상하며 기도할 때 고요 속으로 들어갈 수 있습니다. 우리 내면의 고요한 공간, 거룩한 성소가 있는 것을 알고, 말씀을 통해 그 안에 들어가서 말씀에 집중할 때, 우리는 고요한 마음을 가꾸게 됩니다. 결코 쉬운 일은 아니지만 꾸준히 훈련하게 되면 언제 어디서나 고요하게 마음을 가꿀 수 있게 됩니다.

말씀에 집중한다는 것은 말씀에 마음을 모으는 것입니다. 아침에 받은 말씀 가운데 한 문장이나 한 단어를 하루 종일 고요히 묵상하는 것입니다. 그리고 그 말씀을 사람을 만나는 중에도, 일을 하는 중에도 묵상하는 것입니다. 이것을 '마음 챙김'이라고 합니다. 아침에 한 말씀을 묵상한 후, 하루 종일 그 말씀에 고요히 집중해 보십시오. 거듭 그 말씀으로 돌아가십시오. 그때 우리는 마음이 산만하지 않고, 고요해지는 것을 경험하게 될 것입니다.

사무엘상 6장을 묵상하는 중에 하나님은 우리가 빼앗긴 것을 회복시켜 주시는 분임을 깨달았습니다. 하나님은 이스라엘 백성이 빼앗긴 언약궤를 블레셋으로부터 다시 찾게 해주십니다삼상 6:15. 저는 이 말씀을 하루 종일 묵상하며 '회복시키시는 하나님'을 반복해서 묵상했습니다. 또한 묵상한 말씀을 따라 기도했습니다.

"하나님, 제가 잃어버린 것들을 회복시켜 주신 것을 감사드립니다. 앞으로도 계속해서 잃어버린 것들을 회복시켜 주실 것을 믿습니다. 예수님은 이 땅에 오셔서 잃어버린 영혼을 찾아 그들을 회복시키셨습니다. 저도 잃어버린 영혼들을 주님께 인도하고, 그들과 함께 회복의 기쁨을 나누게 해주십시오."

우리 마음은 쉽게 과녁을 벗어납니다. 벗어난 마음을 거듭 다시 모으는 것이 묵상 훈련입니다. 산만한 마음을 한데 모으는 것입니다. 말씀을 암송하고 묵상하며 집중할 때, 마음 가운데 고요가 깃듭니다. 말씀 묵상을 통해 제가 습득하게 된 능력은 '집중력'입니다. 윌리엄 제임스는 집중력을 키우는 능력이야말로 최상의 교육이라고 말합니다.

> "자꾸 벗나가는 주의注意를 의식적으로 거듭거듭 되찾아오는 능력이야말로 판단력과 품성과 의지의 뿌리이다. 이 능력을 기르는 교육이야말로 최상의 교육이다." _ 윌리엄 제임스

위대한 성취를 이룬 사람들의 특징은 주의 집중을 잘하는 것입니다. 하나의 주제와 목표에 집중할 때, 놀라운 성취를 이룰 수 있습니다. 집중은 관심입니다. 관심을 기울이는 순간, 이전에 보지 못했던 것을 보게 됩니다. 저는 일찍부터 고요함에 관심을 두고 고요하게 마음을 가꾸는 일을 지속해 왔습니다. 하지만 '고요함' 자체에는 집중하지 못했습니다. 감사하게도 이 글을 쓰면서 고요함에 집중하게 되었습니다. 놀라운 사실은 고요함이란 주제에 집중하게 된 순간부터 무언가를 읽거나 들을 때 고요함이란 단어가 들어오기 시작했고, 고요함과 관련된 글이 눈에 띄면 좀 더 관심을 갖고 읽게 되었습니다.

셋째, 말씀 묵상을 통해 마음의 정원이 고요하게 가꿔집니다

마음이 잘 가꾸어야 할 정원이라는 사실을 배운 것은 고든 맥도날드를 통해서입니다. 저는 그에게서 영향을 받아 「마음의 정원을 가꾸는 지혜」(두란노)라는 책을 쓰기도 했습니다. 고든 맥도날드의 비유를 한번 들어 보십시오.

내면의 영적 중심부를 표현한 여러 은유 가운데서 나에게는 정원이 가장 좋은 데, 정원은 평화와 고요함이 깃든 장소다. 이 정원은 하나님이 영으로 오셔서 자신을 나타내시고, 지혜를 주시고, 칭찬도 하시고, 꾸짖기도 하시고, 격려도 하시며, 방향을 제시하고 인도해 주시는 곳이다. 이 정원이 잘 가꾸어져 있다면 번잡함과 복잡한 소음과 혼돈이 없는 고요한 장소가 된다「내면세계의 질서와 영적 성장」, 220쪽.

마음은 정원과 같아서 가꾸지 않으면 잡초들이 자라게 됩니다. 마음이 늘 고요하면 좋겠지만 그렇지 못할 때가 많습니다. 때로 우리 마음은 분노로 가득 차 있고, 때로는 섭섭함으로 괴로워합니다. 때로 미움과 복수심으로 요동칠 때도 있고, 염려와 두려움과 불안으로 흔들릴 때도 있습니다. 또한 우리 마음은 완악하고 냉정하고 완고해지기도 합니다. 때로 비아냥대기도 하고, 무시하기도 합니다. 그럴 때면 마음의 평화가 깨어집니다. 기쁨이 사라집니다.

우리는 정원을 가꾸듯이 마음을 가꾸어야 합니다. 마음의 정원을 잘 가꾸면 사랑이 깃들고, 평화가 깃듭니다. 우리 마음이 따뜻하고 부드러워집니다. 용서하고 관용하는 마음으로 사람들을 대하게 됩니다. 다른 사람을 존중히 여기며, 격려하고 칭찬하게 됩니다. 마음은 하나님이 역사하는 무대가 될 수도 있고, 반대로 마귀가 역사하는 무대가 될 수도 있습니다. 그러므로 우리는 마음을 잘 지켜야 합니다.

말씀을 묵상하는 것은 날마다 말씀을 통해 마음의 정원을 가꾸는 것을 의미합니다. 마음에 좋지 않은 잡초가 자라고 있으면 그것들을 뽑아내야 합니다. 또한 좋은 씨앗을 심고 가꾸어 아름답고 향기로운 꽃과 성령의 열매가 풍성하도록 해야 합니다.

"오직 성령의 열매는 사랑과 희락과 화평과 오래 참음과 자비와 양선과 충성과 온유와 절제니 이같은 것을 금지할 법이 없느니라" 갈 5:22.

정원에는 정원사가 필요합니다. 정원사가 없는 정원은 없습니다. 만약에 정원사가 없다면 정원은 곧 황폐해지고 말 것입니다. 우리는 마음의 정원을 가꾸는 정원사가 되어야 합니다. 더욱 중요한 것이 있습니다. 예수님을 정원사로 모시는 것입니다. 예수님을 마음에 모시고, 그분의 도움을 받을 때 마음의 정원을 아름답게 가꿀 수 있습니다. 정원에 뿌리는 씨앗은 곧 하나님의 말씀입니다. 하나님은 우리에게 열매를 주시지 않고, 씨앗만 주십니다. 우리는 그 씨앗을 받아 열매를 맺어야 합니다. 정원사가 날마다 정원을 가꾸듯이 마음의 정원도 날마다 가꾸어야 합니다. 그러면 우리 마음은 풍성하고 아름다운 정원이 될 것입니다.

저는 호수 위에 떠 있는 오리들의 고요함을 좋아합니다. 그런데 오리들이 고요하게 호수에 떠 있기 위해서는 수면 아래서 끊임없이 발을 움직여야 합니다. 우리도 마찬가지입니다. 우리 마음과 외면의 고요함을 유지하기 위해서는 말씀 묵상을 통해 늘 내면을 가꾸는 훈련을 해야 합니다. 아무리 폭풍우가 몰아쳐도 고요한 곳이 있습니다. 그곳은 태풍의 눈입니다. 그 안은 고요합니다. 고요함은 내면에 있고, 중심부에 있습니다. 마음을 가꾸는 사람은 고요함을 늘 유지할 수 있습니다. 외부의 충격과 자극에 잠시 흔들릴 수 있지만, 바로 중심을 잡고 고요함을 유지하게 될 것입니다.

말씀 묵상을 통해 날마다 고요한 마음을 가꾸십시오

산만함이나 조급함은 결코 좋은 것을 만들어 내지 못합니다. 조급함은 쓰레기를 만들어 냅니다. 가장 아름다운 작품은 고요 속에서 만들어집니다. 말씀 묵상을 날마다 하십시오. 말씀 묵상을 통해 고요한 마음을 가꾸십시오. 말씀을 묵상하게 되면 하나님의 관점으로 인생과 인간과 세상을 보게 됩니다. 영원의 관점에서 현실을 직시하게 됩니다. 그때 우리는 초연해집니다. 인생은 어렵습니다. 예측할 수 없습니다. 어떤 사건이 복이 될지 화가 될지 아무도 모릅니다. 중요한 것은 잘 반응하는 것입니다. 그때 중요한 것이 고요한 마음, 즉 평정심입니다. 제임스 알렌은 고요한 마음을 인간이 누릴 수 있는 최고의 축복이라고 말합니다.

고요함serenity으로 일컬어지는 완벽하게 균형 잡힌 성품은 인격 수양의 마지막 단계이다. 그것은 삶의 개화開花이며, 영혼의 결실이다. 그것은 지혜만큼 귀중하며, 황금보다 더 탐나는 것이다. 진리의 바다 속에 머물러 심리적인 동요와 세상 풍파를 초월하고 영원한 평화를 누리는 평온한 삶과 비교할 때, 오로지 돈만 추구하는 삶은 얼마나 하찮은 것인가!「생각의 지혜」, 50쪽.

또한 그는 고요함을 오랜 세월 연마한 성품이라고 말합니다. 그 성품은 바로 평정심으로 어떤 상황에서도 동요하지 않는 마음을 의미합니다. 예수님은 폭풍이 이는 바다에서도 편히 주무셨습니다. 예수님은 늘 고요하셨습니다. 평정심을 잃지 않으셨습니다. 십자가 앞에서도, 십자가 위에서도 고요함을 잃지 않으셨습니다.

고요함의 절정은 하나님의 평강입니다. 하나님의 백성들은 "샬롬"하며 인사합니다. 샬롬은 평강이란 뜻입니다. 하나님이 주시는 평강입니다. 이 평강은 문제가 없거나 고난이 없음을 뜻하지 않습니다. 고난과 시련과 역경 중에도 하나님이 함께하시기 때문에 경험하는 고요한 마음이 평강입니다. 합력하여 선을 이루실 하나님께 모든 것을 맡기면서 경험하는 마음입니다. 하나님은 평강의 하나님이시오, 평강을 주시는 하나님이십니다. 우리는 하나님이 주시는 평강을 우리 마음 가운데 머물게 해야 합니다. 고요함 중에 임하는 평강을 가꿔야 합니다. 그것이 바로 고요한 마음을 가꾸는 영성 훈련입니다.

고요한 마음을 가꿀 때, 우리는 하나님의 음성을 잘 들을 수 있습니다. 힘을 얻을 수 있습니다. 지혜를 얻을 수 있습니다. 좋은 관계를 맺을 수 있습니다. 고요한 마음은 결코 무관심한 마음이 아닙니다. 이기적인 마음이 아닙니다. 오히려 고요한 중에 다른 사람에게 지극한 관심을 갖는, 배려하는 하나님의 마음입니다. 고요한 마음은 하나님을 기다리는 마음입니다. 말씀에 집중하고 몰입하는 마음입니다. 정성스럽게 마음의 정원을 잘 가꾼 이가 맺게 되는 열매가 고요한 마음입니다.

고요한 마음은 침묵 중에 하나님의 음성과 사람들의 말을 경청하는 마음입니다. 고요한 마음은 말씀을 묵상하는 사람에게 주시는 하나님의 선물입니다. 동시에 우리가 하나님께 올려 드려야 할 최상의 선물입니다. 사도 베드로는 우리 마음의 숨은 속사람을 온유하고 고요한 심령으로 가꾸는 것이 하나님 앞에 값진 것이라고 말했습니다.

> "하나님은 우리가 고요한 마음을 바치는 것 외에는
> 아무것도 필요로 하지 않으신다.
> 우리가 고요한 마음을 바칠 때만
> 하나님은 영혼 안에서 신비스럽고 신성한 일을 이루신다."
> _ 마이스터 엑카르트

고요한 마음은 영향력이 있습니다. 주위에 고요함을 창조합니다. 분노와 두려움과 불안과 폭력을 가라앉힙니다. 그래서 마음에 고요함을 품고 사는 사람은 평화의 도구가 될 수 있습니다. 고요한 마음은 인간이 가질 수 있는 가장 가치 있는 능력입니다. 미움을 사랑으로, 상처를 용서로, 분열을 일치로, 의혹을 믿음으로, 절망을 희망으로, 어둠을 빛으로, 슬픔을 기쁨으로 바꿀 수 있는 능력입니다. 고요한 마음을 품고 살았던 성 프란체스코의 "평화의 기도" 역시 그의 고요한 마음에서 나온 것입니다.

주여, 저를 평화의 도구로 써 주소서.
미움이 있는 곳에 사랑을
상처가 있는 곳에 용서를
분열이 있는 곳에 일치를
의혹이 있는 곳에 믿음을
절망이 있는 곳에 희망을
어둠이 있는 곳에 빛을
슬픔이 있는 곳에 기쁨을 심게 하소서.

오, 거룩하신 주여,
위로받기보다는 위로하며
이해받기보다는 이해하며
사랑받기보다는 사랑하게 하소서.

우리는 줌으로써 받고

용서함으로써 용서받으며

자기를 버림으로써 영원한 생명을 얻음이니이다.

_ 성 프란체스코의 "평화의 기도" 중에서

고요한 마음을 잘 가꾸어 평화의 도구가 됩시다. 그리스도의 고요함을, 그리스도의 평강을 온 세상에 나누어 주는 그리스도의 제자가 됩시다.

• 말씀 묵상과 학습의 영성 •

말씀이 피가 되고
살이 되게 먹으십시오

"수고하고 무거운 짐 진 자들아 다 내게로 오라 내가 너희를 쉬게 하리라 나는 마음이 온유하고 겸손하니 나의 멍에를 메고 내게 배우라 그리하면 너희 마음이 쉼을 얻으리니 이는 내 멍에는 쉽고 내 짐은 가벼움이라 하시니라"마 11:28-30.

그리스도인은 예수님을 믿는 순간
말씀묵상학교에 입학하게 됩니다

예수님을 믿는다는 것은 말씀을 믿는다는 것입니다. 왜냐하면 예수님이 곧 말씀이시기 때문입니다. 사도 요한은 이 사실을 분명히 밝히고 있습니다.

"태초에 말씀이 계시니라 이 말씀이 하나님과 함께 계셨으니 이 말씀은 곧 하나님이시니라"요 1:1.

"말씀이 육신이 되어 우리 가운데 거하시매 우리가 그의 영광을 보니 아버지의 독생자의 영광이요 은혜와 진리가 충만하더라"요 1:14.

예수님은 말씀으로 오셨습니다. 말씀이 육신이 되신 것입니다. 말씀을 묵상한다는 것은 곧 예수님을 묵상한다고 해도 과언이 아닙니다. 말씀을 묵상하는 것은 말씀 속에서 만나는 예수님을 묵상하는 것입니다. 말씀 묵상의 초점은 예수님께 맞추어져야 합니다. 성경을 펴는 이유도 예수님을 만나기 위해서입니다. 예수님을 믿고, 그분을 아는 지식 가운데 성장하기 위해 성경을 읽고 묵상해야 하는 것입니다.

예수님을 믿는다는 것은 그분의 제자가 되는 것입니다. 예수님은 우리의 구세주가 되십니다. 예수님은 그리스도시요, 하나님의 아들이십니다. 곧 하나님이십니다. 또한 예수님은 우리의 스승이십니다. 예수님은 이 땅에 오셔서 많은 사람들을 제자로 삼으셨고, 특별히 12명의 제자를 키워 사도로 세우셨습니다. 그리고 예수님의 제자 사역은 지금도 진행 중입니다.

예수님의 제자가 된다는 것은 예수님을 스승으로 모신다는 뜻입니다. 제자는 스승에게 배웁니다. 제자는 스승에게 배우고 훈련받는 사람입니다. 예수님을 스승으로 모신 그리스도의 제자는 예수님을 따르는 순간, 말씀묵상학교에 입학하게 됩니다. 말씀묵상학교는 말씀을 학습하는 학교로 평생에 걸쳐 교육 과정이 진행되는 학교입니다.

말씀묵상학교에 입학한 사람은 누구나 '학습의 영성'을 추구하게 됩니다. 예수님의 영성은 학습의 영성입니다. 예수님은 하나님의 나라에서 오신 학자셨습니다. 예수님은 우리에게 천국의 진리를 가르쳐 주신 학자로서 친히 스스로 학습의 모범을 보이셨습니다. 성경에는 열두 살의 어린 예수님이 유월절에 가족과 함께 예루살렘에 다녀오시다가, 홀로 성전에 머무르며 선생들에게 배우시는 장면이 기록되어 있습니다.

> "사흘 후에 성전에서 만난즉 그가 선생들 중에 앉으사 그들에게 듣기도 하시며 묻기도 하시니 듣는 자가 다 그 지혜와 대답을 놀랍게 여기더라"눅 2:46-47.

하나님의 아들이신 예수님이 친히 선생들 중에 앉으사 배우기를 자처하셨다는 것은 예수님의 영이 곧 학자의 영이라는 것을 증명해 줍니다.

학습學習은 배우고 익힌다는 뜻입니다. 새가 나는 법을 배우고 익히는 것처럼 배운 것을 지식으로만 아는 것이 아니라, 익히고 나아가 우리의 존재에 스며들게 하는 것이 학습입니다.

마태복음 11장 28-30절을 보면 우리를 초청하시는 예수님을 만나게 됩니다. 예수님은 우리를 안식과 배움의 장으로 초청하십니다.

> "수고하고 무거운 짐 진 자들아 다 내게로 오라 내가 너희를 쉬

게 하리라 나는 마음이 온유하고 겸손하니 나의 멍에를 메고 내게 배우라 그리하면 너희 마음이 쉼을 얻으리니 이는 내 멍에는 쉽고 내 짐은 가벼움이라 하시니라"마 11:28-30.

예수님은 수고하고 짐이 무거운 사람들을 초청하십니다. 그들에게 안식을 주시기 위해서입니다. 예수님의 부르심에는 차별이 없습니다. 수고하고 짐이 무거운 자는 누구나 오라고 말씀하십니다. 예수님께 나아오는 자 모두에게 쉼을 주겠다고 말씀합니다. 우리는 예수님을 배우고, 예수님께 배움으로 안식에 이르게 됩니다. 배움과 안식은 밀접한 관계가 있습니다. 배움을 통해 우리 마음이 쉼을 얻게 되기 때문입니다.

배움으로의 초청도 차별이 없습니다. 누구나 예수님께 와서 배울 수 있습니다. 그때 마음은 안식을 얻습니다. 배움이 어떻게 안식을 제공하는 것일까요? 배움이 어떻게 무거운 짐을 가볍게 할 수 있는 것일까요? 우리는 누구에게 무엇을 또 어떻게 배워야 할까요? 학습의 영성을 잘 배우고 삶에 적용한다면 놀라운 변화를 경험하게 됩니다.

학습의 영성은 예수님을 배우는 영성입니다

학습을 할 때 중요한 것은 '배우는 법'을 배우는 것입니다. 즉, 학습하는 법을 배우는 것입니다. 열심히 노력한다고 학습을 잘하는 것이 아닙니다. 학습하는 방법을 알아야 학습을 잘할 수 있습니다. 예수님은 인류 역사상 가장 탁월한 스승이셨습니다. 예수님은 학습하는 법을 아셨습니다. 그런 까닭에 제자들에게 배우는 법을 가르쳐 주실 수 있었습니다. 학습하는 법은 누구에게 무엇을 또 어떻게 배우느냐와 관련이 있습니다.

그중 학습할 때 가장 중요한 것은 누구에게 배우느냐입니다. 바울은 이 사실을 알았기에 영의 아들 디모데에게 그가 누구에게서 배웠는지를 알라고 말했습니다.

"그러나 너는 배우고 확신한 일에 거하라 너는 네가 누구에게서 배운 것을 알며"딤후 3:14.

바울은 그가 스승 가말리엘에게서 배웠다는 사실을 밝혔습니다. 또한 그가 전한 복음이 사람의 뜻으로 된 것이 아니라 예수님께로부터 직접 받은 것임을 강조합니다.

"형제들아 내가 너희에게 알게 하노니 내가 전한 복음은 사람의

뜻을 따라 된 것이 아니니라 이는 내가 사람에게서 받은 것도 아
니요 배운 것도 아니요 오직 예수 그리스도의 계시로 말미암은
것이라"갈 1:11-12.

우리는 좋은 스승을 만나서 배우는 것이 얼마나 중요한 지를 알고 있습니다. 잘못 배우거나 어설프게 배우면 인생은 곤고해집니다. 그런 까닭에 벤자민 프랭클린은 "엉터리로 배운 이는 배우지 않는 이보다 더 못하다"라고 말하기도 했습니다.

예수님은 "나의 멍에를 메고 내게 배우라"고 말씀하십니다. 이 말씀이 무엇을 의미할까요? 이 땅에 계시는 동안 예수님의 직업은 목수였습니다. 멍에에 대해 잘 알고 계셨던 예수님은 자신의 멍에가 쉬운 것이라고 말씀하십니다.

"이는 내 멍에는 쉽고 내 짐은 가벼움이라 하시니라"마 11:30.

여기서 '쉽다'는 헬라어로 '크레스토스', 곧 '몸에 잘 맞는다'라는 뜻입니다. 멍에는 수레나 쟁기를 끌기 위해 소의 목에 얹는 구부러진 막대로, 보통 두 마리 소가 한 쌍이 되어 멍에를 메고 일했습니다. 소에게 있어 멍에는 아주 중요합니다. 소가 멍에를 메고 일할 때, 그것이 잘 맞지 않으면 상처를 입고, 아주 힘이 들기 때문입니다. 당시 팔레스타인에서는 이 멍에를 나무로 만들었는데, 멍에를

만들기 전에 소를 끌고 가서 치수를 정확히 쟀습니다. 그런 뒤 멍에가 만들어지면 다시 소를 데리고 가서 멍에를 장착시켰습니다. 멍에가 소의 몸에 딱 맞으면 일할 때 힘이 덜 들기 때문입니다. 전승에 의하면 예수님은 갈릴리에서 제일 좋은 멍에를 만드는 목수셨다고 합니다. 그래서 "예수님이 만든 멍에는 잘 맞습니다"라고 소문이 났던 것입니다.

당시에는 어미 소가 어린 소를 훈련시킬 때 멍에를 메고 함께 일했습니다. 그때는 어미 소가 멍에를 메고 끌기에 어린 소는 하나도 힘들지 않습니다. 어미 소와 어린 소가 함께 멍에를 메고 일하지만, 어린 소는 그냥 멍에를 메고 있을 뿐 실질적으로는 어미 소가 모든 힘을 다 쓰고 있기 때문입니다. 그런 까닭에 어린 소의 멍에는 가볍습니다. 이 과정을 통해 어린 소는 어미 소로부터 멍에를 메고 일하는 법을 배웁니다.

"내 멍에를 메고 내게 배우라"는 말씀은 곧 어미 소가 어린 소에게 멍에를 메고 일하는 법을 가르쳐 주는 것과 같습니다. 우리가 예수님께 나아가면 그분은 우리에게 잘 맞는 멍에를 만들어 주시고, 함께 그 멍에를 지고 대신 힘써 주십니다. 그래서 무거운 짐을 끌더라도 멍에가 가볍게 느껴집니다. 그리고 그 과정을 통해 우리는 예수님으로부터 멍에를 메는 법을 배우게 됩니다.

여기서 기억할 것은 예수님이 멍에를 대신 져 주시는 것이 아니라, 함께 멍에를 메고 멍에 메는 법을 가르쳐 주신다는 것입니다.

무거운 짐을 가볍게 질 수 있는 법을 가르쳐 주신다는 것입니다. 그때 우리는 안식에 이르게 됩니다. 그럼 우리가 예수님께 나아가서 배워야 할 것을 좀 더 구체적으로 살펴보겠습니다.

첫째, 먼저 예수님을 배우고 닮아 가십시오

학습할 때 가장 중요한 것은 학습 목표입니다. 목표가 분명할수록 학습은 힘을 발휘하게 됩니다. 목표를 모르고 공부하는 것만큼 어리석은 것은 없습니다. 목표가 분명할수록 집중할 수 있고, 집중한 만큼 학습 성취도는 올라갑니다.

예수님은 "내게 배우라"고 말씀하십니다. 그 무엇보다 예수님을 배우는 것, 즉 그분의 형상을 닮아 가도록 노력하십시오. 배운다는 것은 변화한다는 것입니다. 변화는 성장하고 성숙해지는 것을 의미합니다. 그렇게 배움은 우리 자신을 확장시켜 나가는 행위입니다. 예수님께 배우고, 예수님을 배울 때 우리는 그분의 모습을 닮아 가며 성장하게 됩니다.

말씀을 묵상할 때마다 성삼위 하나님이 어떤 분이신지에 대해 질문해야 합니다. 하나님의 관심이 무엇인지 질문해야 합니다. 하나님의 궁극적인 관심은 우리가 예수님의 형상을 본받는 것입니다.

"하나님이 미리 아신 자들을 또한 그 아들의 형상을 본받게 하기 위하여 미리 정하셨으니 이는 그로 많은 형제 중에서 맏아들이 되게 하려 하심이니라"롬 8:29.

예수님을 닮기 위해서는 먼저 그분이 누구시며, 그분이 우리를 위해 무슨 일을 행하셨는지를 알고 믿어야 합니다. 예수님에 관한 지식과 믿음이 신앙을 성장시키는 데 아주 중요한 역할을 하기 때문입니다. 예수님은 무거운 짐을 가볍게 해주시는 분입니다. 당시 바리새인들은 율법의 무거운 짐을 사람들에게 부과했습니다.

"또 무거운 짐을 묶어 사람의 어깨에 지우되 자기는 이것을 한 손가락으로도 움직이려 하지 아니하며"마 23:4.

그러나 예수님은 그 율법의 무거운 짐에 눌려 있는 사람들을 안식 가운데로 초청하셨습니다. 그들의 무거운 짐을 가볍게 해주신 것입니다. 율법의 무거운 짐은 그 율법을 지키지 못하는 데서 오는 죄책감, 심판과 저주와 형벌에 대한 두려움, 정죄감, 열등의식, 무력감 등을 통해 가중되었습니다. 율법은 그들이 결코 행할 수 없는 것을 요구했고, 그들이 변화시킬 수 없는 것들을 변화시키도록 요구했습니다.

예수님은 그 무거운 짐으로부터 안식을 주기 위해 이 땅에 오셨습니다. 그리고 무거운 짐을 진 자들에게 천국 복음을 알려 주셨습니다. 예수님은 십자가에서 우리의 무거운 죄 짐을 담당하셨습니다. 우리를 대신해서 심판과 저주와 형벌을 받으시고, 우리의 죄를 용서하셨습니다. 또한 영생을 선물로 주시고, 예수님의 의를 전가해 주셨습니다. 성령님의 능력을 부어 주심으로 사랑할 수 있는 힘도 제공해 주셨습니다. 그리고 우리에게 진리를 알게 하심으로 자유를 주셨습니다.

"진리를 알지니 진리가 너희를 자유롭게 하리라" 요 8:32.

이 말씀은 잘 이해해야 합니다. 예수님은 진리를 알 때, 그 진리가 우리를 자유롭게 한다고 말씀하셨습니다. 진리가 있어도 진리를 알지 못하면 자유롭게 될 수 없습니다. 예수님은 우리를 자유하게 하시지만, 예수님을 알지 못하고, 그분이 행하신 일을 믿지 않으면 우리는 자유함을 누릴 수가 없습니다. 배움은 신뢰를 통해서 옵니다. 사랑을 통해서 옵니다. 우리가 신뢰하고 사랑할 때 배움의 열매를 맺게 되는 것입니다. 배움과 사랑의 관계를 보여 주는 소중한 금언들을 마음에 새기도록 하십시오.

"사랑 안에 있지 않고는 진리를 발견할 수 없다." _ 에이브러햄 조슈아 허셀
"사랑 자체가 지식이다. 더 많이 사랑할수록 더 많이 알게 된다."
_ 성 그레고리

사랑할 때 배움의 세계가 열립니다. 어떤 분야를 배우기 위해서는 그 분야를 사랑해야 합니다. 그 분야를 가르치는 선생님을 사랑해야 합니다. 이처럼 예수님께 잘 배우고 그분을 닮아 가기 위해서는 스승 되시는 예수님을 사랑해야 합니다.

"사랑하는 스승으로부터 가장 많이 배운다." _ 괴테

우리가 사랑하는 것이 우리에게 머뭅니다. 우리가 사랑하는 것이 우리를 만듭니다. 우리는 우리가 사랑하는 대상을 닮게 됩니다. 하나님의 궁극적인 관심은, 우리가 예수님의 장성한 분량에 이르도록 성장하는 것입니다.

"우리가 다 하나님의 아들을 믿는 것과 아는 일에 하나가 되어 온전한 사람을 이루어 그리스도의 장성한 분량이 충만한 데까지 이르리니" 엡 4:13.

안식은 마음으로부터 옵니다. 예수님의 마음을 배우십시오. 예수님의 마음은 겸손하고 온유합니다. 겸손하고 온유한 마음에 안식이 있습니다. 안식은 신뢰에 있습니다. 예수님께 모든 것을 맡기고 그분을 신뢰할 때, 안식할 수 있습니다. 예수님이 우리를 위해 십자가에서 이루신 일을 온전히 신뢰할 때, 안식하게 됩니다. 예수님으로부터 지속적으로 공급받을 때, 안식하게 됩니다. 인생의 문제는 공급의 문제입니다. 예수님으로부터 참된 지식과 지혜와 능력과 사랑을 지속적으로 공급받을 때, 우리는 안식할 수 있습니다. 또한 배움을 통해 잘 준비할 때, 우리는 안식할 수 있습니다. 찰스 스펄전은 그리스도를 아는 것은 가장 훌륭한 학문을 이해하는 것과 같다고 말합니다.

예수님을 알라. 그분의 발아래 앉으라. 그분의 성품, 그분의 일, 그분의 고난, 그분의 영광을 곰곰이 생각하라. 그분이 계시는 곳에서 마냥 기뻐하라. 날마다 그분과 교제하라. 그리스도를 아는 것은 가장 훌륭한 학문을 이해하는 것이나 다름없다.「목회자 후보생들에게2」, 생명의 말씀사, 52쪽.

예수님을 알고, 예수님을 닮는 것보다 더 지혜로운 것은 없습니다. 더 위대한 것은 없습니다.

둘째, 예수님을 통해 평범한 사람을 비범한 제자로 키우는 방법을 배우십시오

예수님은 평범한 사람을 비범한 제자로 키우시는 탁월한 분입니다. 예수님은 어떻게 제자들을 양육하고 훈련하셨을까요?

첫째, 예수님은 비전을 통해 제자들을 비범하게 만드셨습니다. 예수님은 평범한 사람들을 제자로 선택하신 뒤, 그들에게 비전을 심어 주셨습니다. 학습에서 가장 중요한 것이 비전, 곧 꿈입니다. 예수님은 평범한 어부였던 베드로를 만나셨을 때 "장차 너는 반석과 같은 인물이 될 것이다"라고 말씀하셨습니다. 예수님은 제자들에게 장차 변화될 그들의 모습을 미리 말씀해 주셨습니다.

> "데리고 예수께로 오니 예수께서 보시고 이르시되 네가 요한의 아들 시몬이니 장차 게바라 하리라 하시니라(게바는 번역하면 베드로라)"요 1:42.

사람을 변화시키는 가장 큰 힘은 비전입니다. 가능성과 잠재력을 말해 주고 자신감을 불어넣어 줄 때, 사람은 그 기대를 따라 변화되고 성장합니다.

둘째, 예수님은 교육을 통해 제자들을 비범하게 만드셨습니다. 하나님은 교육에 아주 놀라운 가치를 부여하십니다. 하나님은 종살이하던 이스라엘 백성들을 위대한 민족으로 만드시기 위해 그들에게 '교육 헌장'을 주셨습니다. 곧 학습을 통해 히브리 노예들을 탁월한 민족으로 만드신 것입니다.

교육은 떠남과 비움으로 시작됩니다. 이전 것으로부터의 떠남과 비움은 교육에서 아주 중요합니다. 하지만 거기서 끝나면 안 됩니다. 비워진 자리에는 좋은 지식과 정보, 그리고 지혜가 충만히 채워져야 합니다. 따라서 떠남과 비움, 그리고 채움은 아주 중요한 교육 과정입니다.

제자들은 갈릴리 호수를 떠났습니다. 그들은 배를 버려두고 예수님을 좇았습니다. 그날 제자들은 그들은 과거로부터 떠났고, 과거의 자아상을 내려놓았습니다. 그리고 그 자리에 예수님이 주신 비전을 채웠습니다. 예수님이 주신 진리와 은혜를 채웠습니다. 그렇게 함으로써 그들은 변화되었고, 성장하게 되었습니다.

또한 예수님은 제자들에게 그들이 배운 것을 다른 이들에게 가르치게 하셨습니다. 제자들이 배운 것을 나눔으로써 더욱 배우고, 탁월함에 이르게 하셨습니다. 가르침은 나눔입니다. 예수님은 제자들에게 또 다른 제자를 삼으라고 명하셨습니다. 그리고 예수님께 배운 것을 가르쳐 지키게 하라고 명하셨습니다. 예수님은 이러한 과정을 통해 제자들을 비범한 일꾼으로 만드셨습니다.

> "그러므로 너희는 가서 모든 민족을 제자로 삼아 아버지와 아들과 성령의 이름으로 세례를 베풀고 내가 너희에게 분부한 모든 것을 가르쳐 지키게 하라 볼지어다 내가 세상 끝날까지 너희와 항상 함께 있으리라 하시니라"마 28:19-20.

배움은 나눔입니다. 성숙의 특징은 나눔에 있습니다. 스캇 펙은 "성숙한 사람들은 그 성숙의 열매를 즐길 뿐만 아니라 세계와 나눈다"라고 말합니다. 성경은 말씀을 통해 배운 지혜를 피차 가르치라고 권면합니다 골 3:16. 즉, 배운 것을 서로 나누라는 것입니다. 그때 우리는 더욱 잘 배우게 됩니다. 배운 것을 가르칠 때, 좀 더 배운 내용을 선명하게 이해하게 됩니다. 공동체 안에서 배움을 나눌 때, 함께 성장하는 기쁨을 누릴 수 있습니다. 지식과 사랑은 나눌수록 커집니다. 우리의 배움이 커지면 자신이 속한 공동체뿐만 아니라 이웃과 더불어 나누게 됩니다. 그리고 다른 사람의 성장을 도울 때, 우리는 더욱 성장하고 배우게 됩니다.

> "진정한 사랑은 자신을 다시 채우는 것이다. 다른 사람의 영적 성장을 도우면 도울수록 나 자신의 영적 성장도 더욱 촉진된다." _ 스캇 펙

셋째, 예수님은 성령 충만을 통해 제자들을 비범하게 만드셨습니다. 예수님은 제자들에게 성령님에 대해 자주 말씀하셨습니다. 또한 그들에게 성령 충만을 받기 전까지는 예루살렘을 떠나지 말라고 부탁하셨습니다. 그리고 그들은 그 말씀에 순종함으로써 성령 충만을 받았습니다. 그들은 성령님의 능력으로 예수님께 배운 진리를 실천하고 적용해 비범한 삶을 살 수 있었습니다.

성경을 깊이 묵상해 보십시오. 지극히 평범한 이들을 비범하게 만드는 열쇠는 성령 충만에 있습니다. 요셉과 다니엘을 보십시오. 그들은 성령님으로 충만했습니다. 그런 까닭에 지혜롭고 총명했습니다. 그들은 남이 볼 수 없는 것을 보았고, 남이 해석할 수 없는

것을 해석했습니다. 남이 해결할 수 없는 문제를 해결했습니다. 성령님이 그들에게 필요한 지혜와 총명, 모략과 재능, 지식과 여호와를 경외함을 부어 주셨기 때문입니다.

"그의 위에 여호와의 영 곧 지혜와 총명의 영이요 모략과 재능의 영이요 지식과 여호와를 경외하는 영이 강림하시리니" 사 11:2.

성령님은 학자의 영이십니다. 성령님은 가르치시는 영이십니다. 그런 까닭에 성령 충만하면 잘 배우게 됩니다. 잘 깨닫게 됩니다. 성령 충만하면 문제의 핵심을 간파하고, 본질에 집중하며, 남이 풀 수 없는 문제를 풀게 됩니다. 계시의 영이신 성령님이 남이 볼 수 없는 것을 보게 하시고, 남이 들을 수 없는 것을 듣게 하시기 때문입니다.

말씀 묵상을 통해 학습의 깊이를 더하십시오

저는 말씀 묵상을 통해 학습하는 법을 터득했습니다. 처음에는 잘 몰랐지만 말씀 묵상을 반복하는 중, 이 속에 탁월한 학습법이 담겨 있음을 깨닫게 되었습니다. 하나님은 평범한 사람을 비범하게 만드는 학습법을 말씀 묵상 속에 담아 두셨습니다. 말씀 묵상을 통해 우리가 얻는 유익은 다음과 같습니다.

> "오직 여호와의 율법을 즐거워하여 그의 율법을 주야로 묵상하는도다 그는 시냇가에 심은 나무가 철을 따라 열매를 맺으며 그 잎사귀가 마르지 아니함 같으니 그가 하는 모든 일이 다 형통하리로다" 시 1:2-3.

제가 많은 책들을 읽는 중에 알게 된 탁월한 학습의 원리가 사실 시편 1편 2-3절에 다 담겨 있었습니다.

첫째, 학습의 기본은 독서를 통해 지식을 습득하는 것입니다
학습의 기본은 책을 읽는 것입니다. 말씀을 묵상하기 위해서는 먼저 성경을 읽어야 합니다. 우리는 독서를 통해 읽는 법을 배웁니다. 읽는 법을 배우면 놀라운 일이 벌어집니다.

> "독서의 방법을 아는 사람이라면 누구나 자신을 가치 있게 하고, 자신의 존재 양식을 확장시키며, 삶을 풍요롭고 의미심장하게, 그리고 흥미진진하게 만들 수 있다." _ 엘더스 헉슬리

말씀 묵상을 통해 읽는 법을 배운다는 것은 정말 귀한 일입니다. 저는 성경과 좋은 책을 통해 읽는 법을 배웠습니다. 또한 자연

속에 하나님이 담아 두신 원리와 법칙을 읽게 되었습니다. 역사와 시대의 흐름을 읽게 되었습니다. 하나님의 마음을 읽게 되었습니다. 사람들의 마음과 감정을 읽게 되었습니다. 제 자신을 읽고 '내가 누구인가'를 점점 알아가게 되었습니다.

우리는 독서를 통해 지식을 얻습니다. 독서를 통해 지성이 개발되고, 분별력이 생깁니다. 상상력이 확장되고, 창의력을 얻습니다. 6장에서 소개한 흑인 의사 벤 카슨도 독서를 통해 비범한 인물이 된 사람 중 하나입니다. 그는 "우리가 독서를 통해 지식을 늘려 나간다면, 우리의 무한한 가능성을 가로막을 사람은 아무도 없다"라고 말합니다. 그는 지식이 우리 삶을 어떻게 돕는지를 다음과 같이 설명합니다.

> 지식은 과거 문제를 극복하게 한다. 지식은 우리 자신의 상황들을 변화시킨다. 지식은 새로운 장애물에 도전하게 한다. 지식은 더 나은 결정을 하게 한다.「크게 생각하라(하)」, 알돌기획, 114쪽.

말씀 묵상을 통해 배운 학습의 비밀은 즐거워함에 있습니다. 시편 기자는 여호와의 율법을 즐거워했습니다. 하나님의 말씀을 좋아하고, 즐거워하고, 사랑했습니다. 말씀을 주신 하나님을 사랑하고 즐거워했습니다. 학습의 원리는 배우는 것을 좋아하는 것을 넘어 사랑하고, 사랑하는 것을 넘어 즐기는 것입니다. 이처럼 말씀 묵상 속에는 배움을 즐기는 학습의 원리가 담겨 있었습니다.

말씀 묵상을 통해 배운 학습의 원리는 반복과 집중과 지속입니다. 무엇보다 반복은 탁월함에 이르는 길입니다. 반복적인 연습을 통해 누구나 탁월함에 이를 수 있습니다. 말씀을 주야로 반복해서 묵상할 때 놀라운 일들이 생깁니다. 말씀을 반복해서 묵상할 때 집중력이 생기고, 기억력이 향상됩니다. 또한 반복을 통해 좋은 습관이 형성됩니다. 좋은 생각의 습관, 마음의 습관이 형성됩니다. 마치 근육이 점점 발달되는 것과 같은 원리입니다.

말씀 묵상을 반복할수록 우리는 더 많은 지식과 지혜를 얻습니다. 또한 이를 바탕으로 우리의 지식과 지혜의 세계는 점점 확장됩니다. 문제에 직면하거나 위기에 처했을 때도 기억하고 있던 말씀이 떠올라서 문제를 잘 해결하고, 침착하게 위기를 기회로 만들 수 있게 됩니다.

둘째, 학습이 깊어지면 글쓰기를 통해 소통을 잘하게 됩니다

저는 말씀 묵상을 통해 깨달은 것을 글로 쓰는 훈련을 하게 되었습니다. 제 생각과 감정을 글로 기록하는 훈련을 한 것입니다. 이런 과정을 통해 저는 하나님의 마음과 사람들의 생각을 보다 잘 이해하게 되었습니다. 또한 소통하는 법을 배우게 되었습니다. 또한 글로 쓸 때, 사고가 더욱 정확해지며, 사고의 깊이가 더욱 깊어지는 것을 경험하게 되었습니다.

셋째, 말씀을 묵상할 때 성령님의 기름 부으심이 임합니다

저는 말씀을 묵상할 때 성령님의 기름 부으심이 함께하는 것을 경험합니다. 또한 말씀을 묵상할 때마다 성령님의 기름 부으심을 갈망합니다. 성령님의 기름 부으심은 학습과 밀접한 관련이 있습니다.

"너희는 주께 받은 바 기름 부음이 너희 안에 거하나니 아무도 너희를 가르칠 필요가 없고 오직 그의 기름 부음이 모든 것을 너희에게 가르치며 또 참되고 거짓이 없으니 너희를 가르치신 그대로 주 안에 거하라" 요일 2:27.

사도 요한은 성령님의 기름 부으심을 통해 우리가 모든 것을 알 수 있다고 말합니다. 성경은 성령님의 감동으로 쓰여졌습니다. 그런 까닭에 말씀을 읽고 묵상할 때, 성령님은 우리에게 임하시고, 말씀을 조명해 주시며 그 말씀에 담긴 하나님의 뜻을 계시해 주십니다.

넷째, 성경적 학습법인 말씀을 먹는 단계까지 나아가십시오

말씀 묵상은 조용히 앉아서 말씀을 사색하는 것이 아닙니다. 말씀을 먹는 데까지 나아가는 것입니다. 말씀을 먹는 학습법은 능동적인 학습을 의미합니다. 성경적 학습법은 말씀을 먹고 맛보며 그 말씀이 우리 가운데 살아 역사하게 만드는 것입니다. 말씀과 보통 책과의 차이는, 말씀이 '생명의 양식'이라는 것입니다. 성경은 잘 씹어서 소화해야 할 책입니다.

> "어떤 책은 맛보고, 어떤 책은 삼키고, 소수의 어떤 책은 잘 씹어서 소화해야 한다." _ 로저 베이컨

성경은 우리에게 하나님의 말씀을 먹으라고 강조합니다.

> "만군의 하나님 여호와시여 나는 주의 이름으로 일컬음을 받는 자라 내가 주의 말씀을 얻어먹었사오니 주의 말씀은 내게 기쁨과 내 마음의 즐거움이오나"렘 15:16.
> "내가 천사에게 나아가 작은 두루마리를 달라 한즉 천사가 이르되 갖다 먹어 버리라 네 배에는 쓰나 네 입에는 꿀같이 달리라 하거늘 내가 천사의 손에서 작은 두루마리를 갖다 먹어 버리니 내 입에는 꿀같이 다나 먹은 후에 내 배에서는 쓰게 되더라"계 10:9-10.

우리가 말씀을 먹을 때, 말씀은 우리의 피가 되고 살이 됩니다. 우리에게 기쁨을 주고, 힘을 줍니다. 삶을 부요케 합니다. 말씀이 우리 존재의 한 부분이 되기 때문입니다.

4장에서 묵상은 히브리어로 '하가', 즉 '읊조리다'라는 뜻임을 배웠습니다. 말씀을 읊조리듯 묵상하는 것이 히브리적 묵상법인 것입니다. 때로 '하가'는 '신음하듯이 읊조린다'라는 의미를 지니기도 합니다. 그런데 유진 피터슨은 더 나아가 '하가'가 '으르렁거리다'라는 의미를 내포하고 있음을 발견했습니다. 히브리적 묵상이 의미하는 바가 좀 더 강렬하다고 주장하는 것입니다. 그러면서 그는 말씀을 묵상하는 것이 마치 사냥개가 먹잇감을 앞에 두고 으르렁거리면서 그것을 먹고, 가지고 노는 과정과 같다고 비유합니다.

> 녀석은 뼈다귀를 뜯으면서 이리 뒤집었다 저리 돌렸다 하며 빨아 대고 물어 대고 했다. 때로 우리는 나지막하게 으르렁거리는 소리를 듣기도 했는데, 고양이로 치면 가르랑거리는 소리쯤 될 것이다. 녀석은 즐거움에 푹 빠져 있었고 전혀 서두르지 않았다. 여유롭게 두 시간 정도 그렇게 뼈를 뜯고 나면 그것을 파묻었고, 그 다음 날 다시 와서 또 작업을 했다. 평균적으로 뼈다귀 하나가 일주일 정도 갔다. … 내 개는 자신의 뼈다귀를 그렇게 묵상했다. 어떤 글은 이와 같은 독서 방식을 요청한다. 맛보고 음미하고, 그 달콤하고 향긋하며 입에 침이 고이게 하고 영혼에 힘을 불어넣어 주는 단어들을 기대하고 받아먹으면서 부드럽게 가르랑거리고 나지막하게 으르렁거리게 되는 그런 독서 말이다.『이 책을 먹으라』, 20-22쪽.

하나님의 말씀을 묵상하는 것은 일반적인 독서와 달라야 합니다. 유진 피터슨이 말하는 독서법과 같아야 하는 것입니다. 그는 개가 뼈다귀를 묵상하는 방식으로 독서하면 우리에게 엄청난 유익이 된다고 강조합니다.

독서란, 엄청난 선물이다. 단, 말이 독자에게 흡수될 때, 영혼으로 받아들여질 때, 먹고, 씹고, 물고, 느긋한 기쁨 가운데 받아들여질 때만 그렇다. 이미 오래전에 죽었거나 수천 킬로미터의 거리 혹은 수년의 세월로 분리된 인간의 말, 우리의 영혼에 생명을 불어넣기 위해서 하나님의 성령이 사용하셨고 지금도 사용하시는 그 말이 책의 지면에서 나와 우리 삶에 신선하게, 그리고 정확하게 들어와 진리와 아름다움과 선함을 전달해준다『이 책을 먹으라』, 34쪽.

가장 탁월한 학습법은 자신이 읽고 묵상하는 책의 내용이 자신의 살과 피가 되도록 하는 것입니다. 찰스 스펄전은 고등학교밖에 나오지 않았지만 그는 정말 탁월한 목회자요 설교자로 인정 받았습니다. 평범했던 그를 비범함으로 이끈 것은 첫째 하나님의 은혜였고, 둘째 그가 학습법을 터득했기 때문입니다. 그는 목회자 후보생들에게 다음과 같이 권면합니다.

철저하게 읽으라. 흠뻑 몸에 밸 때까지 그 안에서 찾으라. 읽고, 또 읽고, 되씹어서 소화해 버리라. 바로 여러분의 살이 되고, 피가 되게 하라. 좋은 책은 여러 번 독파해서 주를 달고 분석해 놓으라. 스무 권의 책을 대충 대충, 곧 "강아지가 나일강 물을 먹듯이" 읽는 것보다는 한 권의 책을 통달하는 편이 정신적인 체격에 훨씬 더 깊은 영향을 미친다. 「목회자 후보생들에게2」, 260쪽.

말씀 묵상을 통한 학습은 말씀을 지식으로만 아는 것이 아니라 맛보는 것을 의미합니다. 이탈리아의 신학자 보나벤투라는 "많이 알되 아무것도 맛보지 못한다면 그것이 무슨 소용인가?"라고 말했습니다. 말씀을 묵상할 때 말씀을 맛보아 알고, 하나님을 맛보아 아는 것이 무엇보다 중요한 것입니다.

그리스도의 제자는
평생 학습자의 삶을 살아야 합니다

학습에는 끝이 없습니다. 우리는 평생을 거쳐 성장해야 하기 때문입니다. 스캇 펙은 "우리의 일생은 마지막 순간까지 무한한 영적 성장의 기회를 제공한다"라고 말했습니다. 우리는 평생 예수님의 장성한 분량에 이르도록 성장해야 합니다. 예수님의 성품을 닮고, 예수님의 지혜를 닮아야 합니다. 예수님처럼 하나님이 우리에게 맡기신 과업을 완수함으로 하나님께 영광을 돌려야 합니다.

좋은 책을 많이 읽으십시오. 또한 좋은 책을 선별해 반복해서 읽으십시오. 책 속에 길이 있습니다. 책 속에 지식이 담겨 있습니다. 인생의 근본 문제에 대한 해결책이 담겨 있습니다. 책은 자신의 가치를 알아 주고 존귀히 여겨 주는 사람에게 보배와 같은 지식을 내어 줍니다. 무엇보다 책 중의 책인 성경을 평생 동안 학습하십시오. 찰스 스펄전은 가난해서 책을 사기가 어려운 목회자 후보생들에게 무엇보다 성경을 깊이 연구하라고 권면합니다.

온 땅에 책의 흉년이 들 경우, 여러분 모두가 가지고 있는 책이 하나 있는데 그것은 여러분의 성경이다. 성경을 가진 목회자는 팔매와 돌을 가지고 완전군장을 갖춘 다윗과 같다. 성경이 옆에 있는데도 물을 길을 우물이 없다고 불평하는 사람이 있어서는 안 된다 『목회자 후보생들에게2』, 263쪽.

또한 찰스 스펄전은 성경 한 권 속에 완벽한 도서실이 들어 있다고 말합니다. 그래서 성경을 철저히 연구하는 사람은 세상의 어떤 학자보다 뛰어날 수 있다고 말합니다.

성경에는 완벽한 도서실이 들어 있다. 그것을 철저하게 연구하는 사람은 알렉산드리아 도서관을 통째로 삼킨 학자보다 더 낫다. 성경을 이해하는 것이 우리의 야망이 되어야 한다. 주부가 바늘에 익숙하듯, 상인이 자기 선반에 익숙하듯, 선원이 배에 익숙하듯 우리는 성경에 익숙해야 한다.「목회자 후보생들에게2」, 263쪽.

그리스도인은 예수님의 말씀처럼 떡으로만 사는 것이 아니라 하나님의 입에서 나오는 모든 말씀을 먹고 삽니다. 우리가 말씀을 먹는 이유는 우리 자신만을 위해서가 아니라 공동체 전체를 유익하게 하기 위해서입니다. 또한 말씀을 먹음으로 하나님께 예배하고, 공동체를 섬기며, 세계 선교에 동참하게 됩니다.

그리스도인은 성경을 먹고 산다. 성경은 음식이 인간의 몸에 영양분을 주듯이 거룩한 공동체에 영양분을 준다. 그리스도인은 단지 성경을 배우거나 연구하거나 사용하는 것이 아니라 그것을 흡수한다. 그것을 우리의 삶으로 가져와 물질대사를 시켜서, 사랑의 행위를 하고 시원한 물을 대접하게 하며, 온 세상에 선교사가 일어나게 하고, 치유와 전도를 일으키고, 예수님의 이름으로 정의를 행하게 하고, 성부 하나님을 경배하며 두 손을 들어 올리게 하고, 성자와 함께 발을 씻기게 한다.「이 책을 먹으라」, 44-45쪽.

말씀 묵상을 통해 학습하는 법을 지속적으로 터득하십시오. 학습의 기본이 되는 독서법을 계속해서 배우십시오. 성령님의 도우심을 받아 스스로 학습하는 법을 터득할 때, 우리는 무한히 발전하고 성장할 수 있습니다. 우리가 성경을 통해 평생 학습해야 할 것은 다음과 같습니다.

첫째, 믿음으로 사는 법을 평생 학습하십시오. 우리는 예수님을 통해 의롭다하심을 얻었습니다. 예수님의 의로우심에 힘입어 의인이 된 것입니다. 의인은 오직 믿음으로 살아야 합니다.

"복음에는 하나님의 의가 나타나서 믿음으로 믿음에 이르게 하나니 기록된 바 오직 의인은 믿음으로 말미암아 살리라 함과 같으니라" 롬 1:17.

바울은 믿음으로 살았고, 그의 생애 마지막 순간까지 믿음을 지켰습니다. 우리는 믿음으로 사는 법을 배우고, 믿음을 키우는 법을 배워야 합니다. 금보다 귀한 믿음을 끝까지 지키는 법을 배워야 합니다. 하나님은 우리의 믿음을 따라 역사하십니다. 그러므로 우리는 계속해서 믿음에 관심을 갖고, 믿음으로 사는 법을 학습하고, 그 믿음대로 살아가야 합니다.

둘째, 사랑으로 사는 법을 평생 학습하십시오. 하나님은 사랑이십니다. 예수님은 우리에게 서로 사랑하라고 명하셨습니다.

> "새 계명을 너희에게 주노니 서로 사랑하라 내가 너희를 사랑한 것같이 너희도 서로 사랑하라 너희가 서로 사랑하면 이로써 모든 사람이 너희가 내 제자인 줄 알리라"요 13:34-35.

스캇 펙은 우리에게 예수님이 주신 사랑의 계명을 정확하게 이해하라고 권면합니다. 그 계명은 '서로 좋아하라는 것이 아니라 서로 사랑하라는 것'입니다. 우리가 좋아하는 사람만 사랑한다면 그것은 사랑이 아닙니다. 사랑은 좋아하는 차원을 넘어서는 것입니다. 사랑은 희생입니다. 사랑은 감정을 넘어선 의지입니다. 사랑은 자신의 감정을 떠나서 원수를 축복하는 것입니다. 우리를 저주하는 사람을 용서하고, 사랑하는 것이 진정한 사랑입니다.

셋째, 기도로 사는 법을 평생 학습하십시오. 말씀 묵상은 기도로 연결됩니다. 왜 기도를 평생 학습해야 할까요? 기도는 신비한 영적 세계이기 때문입니다. 하나님이 기도를 통해 모든 것을 움직이시기 때문입니다. 예수님이 십자가와 부활을 통해 구속의 사역을 완성하신 후에도 계속 하시는 것이 기도이기 때문입니다.

예수님을 믿고 그리스도의 제자가 되었다면 자신이 말씀묵상학교의 학생이라는 사실을 잊지 마십시오. 예수님께 나아가서 예수님을 배우고, 그분을 통해 배우십시오. 예수님의 성품과 지혜를 배우십시오. 예수님께서 어떻게 평범한 사람들을 비범한 제자로 키우셨는지를 배우십시오. 말씀 묵상을 통해 말씀을 맛보고, 말씀을 먹고, 씹고, 소화해서 우리 존재 속에 스며들게 배우십시오. 그런 과정을 통해 우리는 예수님의 장성한 분량에 이르도록 성장하게 될 것입니다.

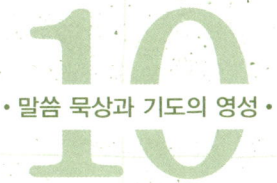

· 말씀 묵상과 기도의 영성 ·

깊은 기도로
묵상의 절정에 이르십시오

"너희가 내 안에 거하고 내 말이 너희 안에 거하면 무엇이든지 원하는 대로 구하라 그리하면 이루리라" 요 15:7.

말씀 묵상은 말씀으로 시작해서 기도로 열매를 맺습니다

말씀 묵상은 거룩한 독서렉시오 디비나, Lectio Divina입니다. 말씀 묵상이 거룩한 독서인 까닭은 하나님의 말씀이 거룩하기 때문입니다. 말씀을 묵상할 때, 거룩하신 성령님이 함께하시기 때문입니다. 또한 말씀을 묵상할 때, 우리는 단순히 성경의 문자를 묵상하는 것이 아니라 말씀 속에서 살아 역사하시는 하나님을 만나기 때문입니다. 그래서 성경을 영어로 'The Holy Bible'이라고 말하는 것입니다. 성경은 거룩한 책이기 때문에 성경을 읽는 것은 보통 책을 읽는 것과는 다른 태도와 다른 방법으로 읽어야 합니다.

말씀 묵상은 하나님의 음성을 듣는 것입니다. 그리고 그 음성에 반응하는 것이 기도입니다. 말씀 묵상이 깊어지면 자연스럽게 기도 속으로 들어가게 됩니다. 기도는 하나님과 친밀한 대화를 나누는 것입니다. 말씀에 근거해 대화하는 것입니다. 다시 말해 기도는 말씀을 통해 배운 하나님의 언어로 하나님과 대화하는 것입니다. 그런 까닭에 말씀과 기도는 아주 밀접한 관계를 맺고 있습니다. 예수님은 이 사실을 아주 분명하게 가르쳐 주십니다.

"너희가 내 안에 거하고 내 말이 너희 안에 거하면 무엇이든지 원하는 대로 구하라 그리하면 이루리라" 요 15:7.

저는 한때 예수님 안에 거한다는 것이 무엇인지를 오랫동안 묵상한 적이 있습니다. 그러다가 예수님 안에 거한다는 것은, 곧 예수님의 말씀 안에 거하는 것임을 깨달았습니다. 성경은 예수님이 곧 말씀이라고 증언합니다요 1:1, 1:14. 그래서 예수님 안에 거하면 곧 말씀 안에 거하게 되는 것입니다. 말씀 안에 거할 때, 예수님 안에 거하게 되는 것입니다.

한편 예수님 안에 거한다는 것은 말씀 안에 거할 뿐만 아니라 기도 안에 거하는 것을 의미합니다. 예수님은 우리에게 예수님 안에 거하는 것과 예수님의 말씀 안에 거하는 것이 동일함을 알려 주십니다. 그 열매로 나타나는 것이 기도입니다. 말씀 안에 거하면 기도하게 됩니다. 무엇보다 말씀을 따라 기도하게 됩니다.

예수님의 제자는 예수님의 말씀 안에 거하는 사람입니다. 예수님은 자신을 믿고 따른 유대인들에게 다음과 같이 말씀하셨습니다.

"그러므로 예수께서 자기를 믿은 유대인들에게 이르시되 너희가 내 말에 거하면 참으로 내 제자가 되고"요 8:31.

예수님의 말씀 안에 거할 때 예수님의 참 제자가 될 수 있습니다. 거한다는 것은 머무는 것입니다. 잠시 방문하는 것이 아니라 오랫동안 머물며 함께 살고 교제하는 것을 의미합니다. 사도 요한은 예수님의 말씀, 즉 교훈 안에 거하지 아니한 자는 하나님을 모시지 못한다고 말합니다.

"지나쳐 그리스도의 교훈 안에 거하지 아니하는 자는 다 하나님을 모시지 못하되 교훈 안에 거하는 그 사람은 아버지와 아들을 모시느니라"요이 1:9.

이 말씀을 잘 묵상해 보면 예수님의 교훈, 곧 말씀 안에 거할 때 우리는 하나님 안에 거하고, 하나님은 우리 안에 거하신다고 증거합니다. 거룩한 독서는 기도와 함께 말씀을 묵상하고, 또한 말씀으로 기도하는 것을 의미합니다.

"성경을 읽는 것은 하나님의 말씀을 듣는 것이고, 기도하는 것은 하나님께 말씀드리는 것이다."_ 암브로시오

"거룩한 독서는 기도와 함께하는 독서다. 말씀으로 기도하는 것이며, 묵상하며 기도하는 것이다."_ 엔조 비앙키

"묵상이란 성경의 맛을 찾는 것이지, 학문을 추구하는 것이 아니다. 성경은 야곱의 우물이고 우리는 묵상함으로 그 물을 길을 수 있으며, 그 물은 우리의 기도 속으로 흘러들어간다."_ 쟝 르끌레르

영성가들은 말씀 묵상을 통한 거룩한 독서의 과정을 다음 네 가지로 압축했습니다.

첫째, 읽기 Lectio (reading).
둘째, 묵상 Meditatio (meditation).
셋째, 기도 Oratio (affective prayer).
넷째, 친밀한 기도와 실천 Contemplatio (contemplation).

여기서 읽기, 묵상, 기도는 잘 알지만 마지막 과정인 친밀한 기도와 실천의 단계를 잘 이해하지 못하는 경우가 종종 있습니다. 이것은 구하는 기도를 넘어서 친밀한 사랑의 기도를 드리는 것을 의미합니다. 무엇인가를 구하는 것을 넘어 하나님을 응시하는 것입니다. 하나님의 사랑 안에서 안식하고, 그분을 맛보고, 즐거워하는 것을 의미합니다. 그리고 하나님의 사랑을 품고 세상에 나가

서 그 사랑을 실천하는 것을 의미합니다.

유진 피터슨은 거룩한 독서의 마지막 과정에서 실천을 강조했습니다. 말씀을 묵상하고 기도했다면 말씀처럼 살아야 한다는 것입니다. 즉, 거룩한 독서는 말씀을 삶 속에 실천하고 그 말씀을 세상에 전하는 것으로 완성됩니다. 말씀 묵상의 절정이 깊은 기도라면, 말씀 묵상의 열매는 전도와 선교인 것입니다. 말씀 묵상의 영성에 대해 마지막으로 강조하고 싶은 부분들을 함께 나누고자 합니다.

말씀 묵상을 할 때,
성령님을 초청하는 기도로 시작하십시오

말씀 묵상은 거룩한 독서이자 영적 독서입니다. 성경은 성령님의 감동으로 쓰인 영적인 책이기 때문입니다. 그런 까닭에 성경을 읽고 묵상할 때는 반드시 성령님의 도우심을 받아야 합니다. 성경의 원저자이신 성령님이 계시해 주실 때, 우리는 성경을 올바르게 깨달을 수 있습니다. 사도 바울은 에베소 교회 성도들을 위해 기도할 때, 그들에게 지혜와 계시의 영이신 성령님을 부어 주시도록 중보했습니다.

"우리 주 예수 그리스도의 하나님, 영광의 아버지께서 지혜와 계시의 영을 너희에게 주사 하나님을 알게 하시고 너희 마음의 눈을 밝히사 그의 부르심의 소망이 무엇이며 성도 안에서 그 기업의 영광의 풍성함이 무엇이며"엡 1:17-18.

'계시'란 감추인 것을 드러내는 것, 깨우쳐 보여 주는 것을 의미합니다. 성경은 하나님의 계시가 기록된 책입니다. 하나님의 비밀이 담긴 책입니다. 그런 까닭에 계시의 영이신 성령님이 오셔서 그 비밀을 보여 주셔야만 우리는 하나님을 알게 됩니다. 그때 마음의 눈이 밝아져 부르심의 소망을 알게 됩니다. 하나님의 영광의 풍성함을 깨닫게 됩니다. 그래서 바울은 마음의 눈을 밝혀 달라고 기도했고, 시편 기자도 눈을 열어 달라고 기도했습니다.

"내 눈을 열어서 주의 율법에서 놀라운 것을 보게 하소서"시 119:18.

성령님은 우리의 영의 눈을 열어 주십니다. 그리고 하나님의 깊은 곳을 볼 수 있도록 인도해 주십니다. 성령님은 빛이십니다. 빛이 임하면 어두운 것이 밝히 드러납니다. 빛이 임할 때, 우리는 보지 못하던 것을 보게 되고, 깊은 것까지 깨닫게 됩니다. 오직 성령님만이 하나님의 깊은 것까지 통달하십니다.

"오직 하나님이 성령으로 이것을 우리에게 보이셨으니 성령은 모든 것 곧 하나님의 깊은 것까지도 통달하시느니라"고전 2:10.

말씀을 묵상할 때, 성령님을 초청하는 기도를 드리십시오. 성령님과 함께 말씀을 묵상하십시오. 그때 하나님의 깊은 것까지 깨달을 수 있습니다. 말씀을 묵상할 때, 가장 중요한 것은 깨달음입니다. 깨달음 없이는 회개할 수도 없고, 고침받을 수도 없습니다마 13:14-15. 그리고 깨달음이 임할 때, 우리는 열매를 맺을 수 있습니다마 13:23.

말씀은 단순한 문자가 아닌 생명입니다. 우리가 듣고, 보고, 만질 수 있는 인격입니다.

"태초부터 있는 생명의 말씀에 관하여는 우리가 들은 바요 눈으로 본 바요 자세히 보고 우리의 손으로 만진 바라"요일 1:1.

문자로 기록된 하나님의 말씀이 생명이 되어 역사하기 위해서는 성령님의 도우심이 필요합니다. 성령님은 말씀에 생명을 불어넣으십니다. 성령님이 지금도 말씀 안에서 살아 역사하십니다. 다만 우리가 이 사실을 알고, 성령님의 도우심을 구할 때, 그 능력이 우리 안에 살아 역사하게 됩니다. 성령님이 생명을 불어넣어 주실 때 말씀은 생명이 되고, 그 생명이 우리 안에 흘러 들어오게 됩니다.

"살리는 것은 영이니 육은 무익하니라 내가 너희에게 이른 말은 영이요 생명이라" 요 6:63.

하나님의 말씀이 성령님을 통해 생명이 될 때, 그 말씀은 살아 있고 운동력 있는 말씀으로 역사합니다.

"하나님의 말씀은 살아 있고 활력이 있어 좌우에 날선 어떤 검보다도 예리하여 혼과 영과 및 관절과 골수를 찔러 쪼개기까지 하며 또 마음의 생각과 뜻을 판단하나니" 히 4:12.

성령님은 예수님의 영이시며, 예수님을 증거하는 영이십니다. 그래서 성령님이 오실 때, 우리는 성경의 주인공이신 예수님을 볼 수 있습니다. 성경은 예수님을 증거하는 책입니다.

"내가 아버지께로부터 너희에게 보낼 보혜사 곧 아버지께로부터 나오시는 진리의 성령이 오실 때에 그가 나를 증언하실 것이요" 요 15:26.

우리가 말씀 묵상을 하는 가장 중요한 이유는 하나님을 알고, 하나님을 사랑하고, 하나님과 친밀한 교제를 하기 위해서입니다. 그러나 우리는 성령님의 도우심 없이는 결코 하나님을 알 수 없습니다. 하나님을 알지 못하면 하나님을 사랑할 수 없습니다. 우리는 보지 못하는 대상을 사랑할 수는 있어도, 알지 못하는 대상을 사랑할 수는 없기 때문입니다. 그래서 사랑하기 위해서는 반드시 지식이 필요합니다. 우리는 아는 것만큼 사랑할 수 있습니다. 여기서 안다는 것은 단순한 지식이 아니라 경험적으로 아는 것을 의미합니다. 성령님이 오셔서 예수님을 더욱 깊이 알게 될 때, 우리는 사랑의 친교 속으로 들어가게 됩니다.

우리가 성령님을 초청하면서 말씀을 묵상해야 하는 이유는, 성령님이 우리의 기도를 도와주시기 때문입니다. 성령님의 도우심 없이 말씀을 깊이 묵상하는 것이 불가능하듯, 성령님의 도우심 없이 하나님의 뜻을 따라 기도하는 것은 불가능합니다. 성령님은 진리의 영이신 동시에 기도의 영이시기 때문입니다.

"이와 같이 성령도 우리의 연약함을 도우시나니 우리는 마땅히 기도할 바를 알지 못하나 오직 성령이 말할 수 없는 탄식으로 우리를 위하여 친히 간구하시느니라 마음을 살피시는 이가 성령의 생각을 아시나니 이는 성령이 하나님의 뜻대로 성도를 위하여 간구하심이라" 롬 8:26-27.

말씀 묵상을 통해 하나님의 약속을 붙잡고 기도하십시오

성령님과 함께 말씀을 묵상하는 중에 우리는 말씀 안에 담긴 하나님의 약속을 발견하게 됩니다. 성경은 하나님의 약속으로 가득 차 있는 언약의 책입니다. 말씀을 읽고 묵상할 때, 우리는 말씀 안에 담긴 하나님의 약속을 발견할 수 있습니다. 하나님의 약속을 발견하면 우리는 그 약속을 붙잡고 기도하게 됩니다. 성경을 읽지 않고는 하나님의 약속을 발견할 수도, 그 약속을 붙잡고 기도할 수도 없는 것입니다.

하나님의 약속은 보배입니다. 하나님의 약속은 축복의 약속입니다. 소망을 주는 약속입니다. 우리 삶을 풍성하게 하는 약속입니다. 하나님의 약속은 예수님 안에서 우리가 기도할 때 성취됩니다. 하나님의 약속을 붙잡고 기도하는 중에, 하나님께 영광을 돌릴 수 있습니다.

"하나님의 약속은 얼마든지 그리스도 안에서 예가 되니 그런즉 그로 말미암아 우리가 아멘 하여 하나님께 영광을 돌리게 되느니라"고후 1:20.

하나님의 약속 가운데 기도의 약속이 가장 놀랍습니다. 왜냐하면 하나님은 우리가 말씀을 따라 기도할 때, 무엇이든지 응답해 주시겠다고 약속하셨기 때문입니다.

> "너희가 내 이름으로 무엇을 구하든지 내가 행하리니 이는 아버지로 하여금 아들로 말미암아 영광을 받으시게 하려 함이라"
> 요 14:13.

하나님의 약속을 붙잡고 기도할 때, 그 과정을 이해하는 것이 중요합니다. 어떤 것도 우연히 되는 일은 없습니다. 나무의 열매가 우연하게 맺히지 않는 것처럼, 말씀을 통해 약속을 붙잡고 기도하는 것도 갑자기 우연하게 일어나는 것이 아닙니다. 하나님의 약속을 붙잡고 기도하기 위해서는 세 가지 사실을 마음에 새겨야 합니다.

첫째, 하나님의 약속을 발견하게 해 달라고 기도하십시오. 하나님의 약속을 붙잡고 기도하기 위해서는 먼저 하나님의 약속을 발견해야 합니다. 눈이 있다고 다 볼 수 있는 것이 아닙니다. 눈이 있어도 보지 못할 때가 많습니다. 성령님이 오셔서 우리의 눈을 열어 주실 때, 하나님의 약속을 발견할 수 있습니다. 성경을 읽고 묵상할 때, 하나님이 어떤 약속을 하셨는지 살펴보십시오. 성령님께 하나님의 약속을 보여 달라고 기도하십시오. 또한 하나님의 약속을 우리의 삶과 연결시키십시오.

기도의 사람들은 성경을 읽다가 약속의 말씀을 만나면 그 약속에 머물러 기도합니다. 어떤 약속의 말씀은 하나님이 특별히 각 사람에게 개인적으로 주십니다. 하나님은 시대마다 새로운 인물을 일으켜서 일하십니다. 그리고 일을 맡기실 때, 그냥 맡기시는 것이 아니라 하나님의 약속을 주심으로 맡기십니다. 그러면 하나님의 사람들은 그 약속의 말씀을 붙잡고 일평생 살게 됩니다. 제가 말씀을 읽고 묵상하는 중에 받은 약속의 말씀 중 하나는 요한복음 14장 12절 말씀입니다.

"내가 진실로 진실로 너희에게 이르노니 나를 믿는 자는 내가 하는 일을 그도 할 것이요 또한 그보다 큰일도 하리니 이는 내가 아버지께로 감이라" 요 14:12.

이 말씀은 예수님이 제자들에게 주신 말씀입니다. 그런데 어느 날 이 말씀이 제게 개인적인 약속으로 다가왔습니다. 그래서 저는 이 약속의 말씀을, 제게 주신 하나님의 말씀으로 붙잡고 기도하며 살고 있습니다. 여기서 중요한 것은 우리가 누구냐가 아닙니다. 이 약속을 주신 예수님이 어떤 분이신지가 중요합니다. 우리에게 능력이 있어서 큰일을 하는 것이 아니라, 우리에게 약속의 말씀을 주신 하나님이 크시기 때문에 큰일을 할 수 있습니다.

둘째, 하나님의 약속을 믿고 기도하십시오. 하나님의 약속을 믿는다는 것은, 곧 하나님을 신뢰한다는 것을 의미합니다. 그리고 그것은 하나님의 성실하신 성품과 그분의 능력과 자원을 신뢰한다는 것을 의미합니다.

> "하나님은 사람이 아니시니 거짓말을 하지 않으시고 인생이 아니시니 후회가 없으시도다 어찌 그 말씀하신 바를 행하지 않으시며 하신 말씀을 실행하지 않으시랴"민 23:19.

하나님은 약속하신 것을 반드시 지키십니다. 거짓말하시는 분이 아닙니다. 우리의 기도는 하나님의 신실하신 성품과 그 능력에 기초해야 합니다.

우리는 하나님께서 약속을 성취하실 것을 기대합니다. 왜냐하면 하나님의 완전하신 성품과 무한한 능력으로 말미암아 약속하신 것을 지키실 수 있기 때문입니다. 하나님께서는 약속하신 것을 신실히 지키실 것입니다. 우리는 이를 의지할 수 있습니다!「약속을 주장하는 기도」, 토머스 이클리, 네비게이토, 20-21쪽.

셋째, 하나님의 약속이 성취될 때까지 인내함으로 기도하십시오.

하나님의 약속을 붙잡고 기도할 때, 우리의 생각보다 그 응답이 늦어질 수도 있습니다. 그런 까닭에 약속을 붙잡고 기도할 때 필요한 것은 인내입니다. 믿음과 인내는 함께 갑니다. 믿는 것만큼 인내할 수 있고, 인내를 통해 믿음의 근육은 점점 강해집니다. 그런 까닭에 믿음과 인내는 하나님의 약속을 기업으로 받은 사람들의 특징이 됩니다.

> "우리가 간절히 원하는 것은 너희 각 사람이 동일한 부지런함을 나타내어 끝까지 소망의 풍성함에 이르러 게으르지 아니하고 믿음과 오래 참음으로 말미암아 약속들을 기업으로 받는 자들을 본받는 자 되게 하려는 것이니라" 히 6:11-12.

아브라함은 믿음과 인내로 하나님의 약속을 성취했습니다.

> "이르시되 내가 반드시 너에게 복 주고 복 주며 너를 번성하게 하고 번성하게 하리라 하셨더니 그가 이같이 오래 참아 약속을 받았느니라" 히 6:14-15.

아브라함처럼 약속의 말씀이 우리의 삶 가운데 이루어지기 위해서는 오래 참아야 합니다. 말씀 묵상의 영성은 기다림의 영성입니다. 말씀 앞에 머물러 기다리고, 말씀 속으로 깊이 들어가 기다리는 것이 말씀 묵상입니다. 이런 과정을 통해 우리는 기다림을 훈련하게 됩니다. 기다림의 영성을 추구하게 됩니다. 기다림은 길을 엽니다. 기다림은 하나님의 약속이 성취되는 것을 볼 수 있도록 도와줍니다.

말씀 묵상을 통해 친밀한 기도를 드리십시오

말씀 묵상의 목표는 말씀과 기도를 통해 하나님과 친밀한 교제를 나누는 것입니다. 기도가 깊어지면 간구의 기도를 넘어서서 사귐의 기도를 드리게 됩니다. 우리의 모든 감각을 동원해서 하나님과 친밀한 사귐 속에 들어가는 것입니다.

> "우리가 보고 들은 바를 너희에게도 전함은 너희로 우리와 사귐이 있게 하려 함이니 우리의 사귐은 아버지와 그의 아들 예수 그리스도와 더불어 누림이라 우리가 이것을 씀은 우리의 기쁨이 충만하게 하려 함이라" 요일 1:3-4.

예수님과의 사귐은 예수님을 듣고, 보고, 만지면서 친밀한 사랑을 맛보는 것입니다. 그런 과정에서 사귐은 누림이 됩니다. 아주 비밀스럽고 친밀한 누림이 됩니다.

우리는 말씀 묵상을 통해 하나님의 음성을 듣고, 그 음성을 따라 기도하게 됩니다. 말씀 묵상을 통한 기도는 일방적인 기도가 아니라 하나님과 대화를 나누는 것입니다. 이 과정에서 필요한 것은 잘 듣는 것입니다. 하나님의 말씀을 들을 때, 하나님의 음성을 듣게 됩니다. 그때 우리는 하나님의 언어로 교제할 수 있습니다.

또한 말씀 묵상을 통해 우리는 자신을 성찰하고 정화할 수 있습니다. 하지만 우리의 궁극적인 관심은 하나님을 묵상하는 것이어야 합니다. 하나님을 묵상하지 않고 지나치게 자신을 성찰하는 데 집착하면 우리는 병적인 죄책감 속에서 살게 됩니다. 말씀을 묵상하는 중에 자아를 성찰하는 것은 아주 중요합니다. 거룩한 독서를 할 때, 우리는 말씀을 읽는 것보다 우리가 말씀에 의해 읽혀지는 것을 경험하게 됩니다. 거울을 통해 우리의 모습을 바라보듯이, 말씀을 통해 우리 자신을 보게 되는 것입니다. 그때 우리는 자신을 이해하고, 삶 속에서 변화를 추구하게 됩니다. 하지만 말씀의 거울을 통해 우리 자신만 바라보지 않도록 조심해야 합니다. 우리는 누구를 바라보느냐에 따라 변화하고 성숙하게 됩니다. 우리 자신만 바라보면 우리의 한계를 결코 넘지 못합니다. 그런 까닭에 우리는 하나님을 바라보아야 합니다. 그때 우리는 예수님을 닮아 가는 열망을 갖고, 우리 자신을 확장시켜 나가게 됩니다. 이것이 바로 우리 자신에게서 눈을 떼어 하나님을 앙망해야 하는 중요한 이유입니다.

기도는 말씀을 통해 하나님을 만나는 일이며, 그분을 향해 우리의 마음과 몸을 열어 드리는 것입니다. 하나님이 우리 안에서 역사하실 수 있도록 마음을 열어 드리는 것입니다. 이때 말씀 묵상은 '들음'에서 '열음'으로 발전합니다. 토마스 그린은 "기도란 하나님을 향해 자신을 여는 것이다"라고 말했습니다. 하나님을 향해 마음을 열고, 하나님 안에 거하면서 사귐의 기도를 드리는 것이 말씀 묵상의 궁극적인 목표입니다. 토마스 그린은, 신앙 생활의 목표는 자기 분석이나 자기 반성이 아닌 하나님을 향한 사랑임을 강조합니다.

> 자기 분석이나 자아 인식이 그리스도의 내적 생활의 목표는 아니다. 하느님을 사랑하고 하느님을 아는 것이 목표이다. 만약 우리의 초점을 점점 더 깊이 자신을 파헤치는 데 맞춘다면 참된 거룩함에 이르는 것이 아니라 세심증에 걸리고 말 것이다 「마음을 열어 하느님께로」, 성바오로, 81쪽.

말씀 묵상을 통해 우리 자신을 성찰하지 못한다면 변화와 성숙을 경험하지 못할 것입니다. 그렇지만 지나친 자기 성찰은 아주 위험합니다. 적절한 균형이 필요한 것입니다. 우리는 눈을 들어 하나님을 바라보아야 합니다. 하나님의 아름다우신 성품을 묵상하고, 하나님의 사랑과 깊은 지혜, 그리고 그분의 지식과 능력을 묵상해야 합니다. 하나님 한 분으로 만족할 수 있는 깊은 묵상 속으로 들어가야 합니다. 그때 우리는 하나님을 바라보며, 하나님과 사랑에 빠져드는 가장 깊은 기도의 단계로 들어가게 됩니다.

> "기도란 하나님과 사랑에 빠지는 것이다." _ 토마스 그린
> "우리가 하나님과 은밀하게 지내는 시간은 가장 흐뭇하고 아름다운 시간이다. 그러니 그대가 그대의 삶을 사랑한다면 기도하고 연애하라."
> _ 존 폭스

말씀 묵상을 하다 보면 생각을 많이 하게 됩니다. 지성이 활발하게 움직이게 됩니다. 지각이 발달하고 생각의 근육이 개발됩니다. 이것은 결코 나쁜 일이 아닙니다. 하지만 거기 머물면 안 됩니다. 하나님을 사랑하는 단계로 나아가야 합니다.

> "기도하는 데 가장 중요한 것은 많이 생각하는 것이 아니라 많이 사랑하는 것입니다." _ 성녀 테레사

말씀 속으로 들어가는 것은 하나님의 임재 속으로 들어가는 것입니다. 그분의 사랑 안으로 들어가는 것입니다. 하나님의 임재 안에서 살았던 로렌스 형제는 하나님과 나누었던 친밀한 사랑을 다음과 같이 기록하고 있습니다.

나는 늘 그분의 거룩하신 임재 안에 계속 머물기 위해 힘쓴다. 거기서 단순히 하나님을 바라보며 늘 그분을 사랑하는 마음을 품음으로

나를 지킨다. 나는 이것을 하나님의 실재적인 임재라 부른다. 영혼과 하나님의 사이에 일어나는 일상적인 말이 없이 이어지는 은밀한 대화라는 것이 더 적절한 표현일지 모른다. 그 대화가 종종 내 안에 때로 밖으로까지 엄청난 기쁨과 환희를 불러일으켜서 그 감정을 애써 자제하거나 표현을 억제해야 할 정도이다 『하나님의 임재 연습』, 두란노, 37-38쪽.

말씀이 깊어지면 하나님의 고요함에 이르게 됩니다. 하나님의 사랑 안에서 안식하게 됩니다. 친밀한 기도의 단계로 들어간 것입니다. 이 단계에 들어설 때, 우리는 하나님의 풍성한 사랑을 맛보고 누리게 됩니다. 하나님의 품에 기대어 안식하게 됩니다. 그리고 그때 우리는 지복至福의 단계로 들어서게 됩니다. 리처드 포스터는 이 기도의 단계를 다음과 같이 묘사하고 있습니다.

우리는 고요함 가운데 그분의 임재를 느끼며 그분의 사랑을 받아들이기 위해 마음을 연다. 종종 기도는 침묵으로 바뀌고 그를 향한 깊은 열망으로 채워진다. 이 기도는 우리가 하나님을 찾는 것이 아니라 우리 자신이 하나님 안에서 발견되는 곳으로 인도된다. 우리는 우리가 기도의 자리에 오기 오래전부터 하나님이 우리를 찾고 계셨음을 깨닫게 된다. 거기서 하나님은 우리의 갈망에 응답하신다. 우리는 그분의 사랑의 따뜻함에 잠긴다. 우리는 하나님이 우리를 바라보고 계심을 느낀다. 그분은 당신의 영으로 우리를 채우시고 새롭게 하신다. 우리는 삶에 대해 새로운 관점, 즉 그분의 관점을 갖게 된다. 우리는 그분의 가슴에 가까이 다가가 세상에 대한 그분의 마음을 느끼게 된다. 「영성 고전 산책」, 두란노, 30-31쪽.

여기서 우리는 하나님의 마음을 느끼면서 상처받은 이웃을 향해 중보기도를 드리게 됩니다. 예수님이 우리를 위해 기도드리시는 것처럼 우리도 고통받는 이웃을 위해 기도드리게 됩니다.

말씀 묵상의 마지막은 말씀을 따라 사는 것입니다

말씀 묵상이 깊어지면 말씀이 우리 존재 속에 스며들게 됩니다. 그때 우리는 말씀을 우리 삶 속에 적용하게 됩니다. 또한 그 말씀을 따라 행하게 됩니다. 묵상은 행함으로 열매를 맺습니다. 말씀이 삶이 되고, 삶이 말씀이 되는 것입니다.

> "거룩한 독서는 우리를 선행의 실천으로 인도한다. 하느님의 말씀을 묵상하는 것은 우리로 하여금 실천을 지향하게 하고 실천으로 이끌기 때문이다." _ 암브로시오

말씀 묵상은 우리를 실천으로 이끕니다. 또한 하나님의 사랑을

실천하기 위해 세상을 향해 나아가게 합니다. 우리는 하나님의 사랑과 하나님의 고요함과 하나님의 능력을 품고 세상에 나아가서 하나님의 말씀을 전해야 합니다. 말씀 묵상이 사색으로만 끝나서는 안 됩니다. 말씀이 삶 속에 나타나야 합니다. 그래서 하나님은 여호수아에게 말씀을 묵상하고, 그 묵상한 것을 지켜 행하라고 말씀하셨습니다.

"이 율법책을 네 입에서 떠나지 말게 하며 주야로 그것을 묵상하여 그 안에 기록된 대로 다 지켜 행하라 그리하면 네 길이 평탄하게 될 것이며 네가 형통하리라" 수 1:8.

예수님은 말씀을 듣고 행하는 사람이 지혜로운 사람이라고 말씀하셨습니다.

"그러므로 누구든지 나의 이 말을 듣고 행하는 자는 그 집을 반석 위에 지은 지혜로운 사람 같으리니 비가 내리고 창수가 나고 바람이 불어 그 집에 부딪치되 무너지지 아니하나니 이는 주추를 반석 위에 놓은 까닭이요" 마 7:24-25.

반면 말씀을 듣고 행하지 않는 사람은 모래 위에 집을 지은 어리석은 사람과 같다고 말씀하십니다.

"나의 이 말을 듣고 행하지 아니하는 자는 그 집을 모래 위에 지은 어리석은 사람 같으리니 비가 내리고 창수가 나고 바람이 불어 그 집에 부딪치매 무너져 그 무너짐이 심하니라"마 7:26-27.

또한 예수님은 하나님의 말씀을 실천하며 가르치는 사람이 천국에서 큰 자가 될 것이라고 말씀하십니다.

"그러므로 누구든지 이 계명 중의 지극히 작은 것 하나라도 버리고 또 그같이 사람을 가르치는 자는 천국에서 지극히 작다 일컬음을 받을 것이요 누구든지 이를 행하며 가르치는 자는 천국에서 크다 일컬음을 받으리라"마 5:19.

그 모범을 보여 주신 분이 바로 예수님입니다. 누가는 누가복음과 사도행전을 기록한 사람입니다. 그 누구보다 예수님의 생애를 가까이서 지켜보고 연구한 그는 예수님을 다음과 같이 묘사합니다.

"데오빌로여 내가 먼저 쓴 글에는 무릇 예수께서 행하시며 가르치시기를 시작하심부터 그가 택하신 사도들에게 성령으로 명하시고 승천하신 날까지의 일을 기록하였노라"행 1:1-2.

예수님은 가르치신 후에 행하신 것이 아니라, 행하신 후에 가르치셨습니다. 그런 까닭에 예수님의 가르침은 권위가 있었습니다. 말씀 묵상 후에 말씀을 적용하고 실천하는 것은 인간의 노력으로 하는 것이 아닙니다. 성령님의 도우심을 따라 말씀에 순종하는 것을 의미합니다. 말씀 묵상의 목표는 하나님의 음성을 듣고, 그 음성에 순종하는 것입니다. 그리고 하나님의 말씀에 순종하기 위해서는 사랑이 필요합니다. 사랑할 때 순종할 수 있기 때문입니다.

> "나의 계명을 지키는 자라야 나를 사랑하는 자니 나를 사랑하는 자는 내 아버지께 사랑을 받을 것이요 나도 그를 사랑하여 그에게 나를 나타내리라" 요 14:21.

사랑과 순종은 함께 갑니다. 성령님 안에서 말씀을 묵상할 때, 성령님은 우리에게 하나님의 사랑을 부어 주십니다.

> "소망이 우리를 부끄럽게 하지 아니함은 우리에게 주신 성령으로 말미암아 하나님의 사랑이 우리 마음에 부은 바 됨이니" 롬 5:5.

말씀 묵상을 할 때, 언제나 성령님을 초청하십시오. 성령님만이 우리를 진리 가운데로, 예수님께로 인도해 주실 수 있기 때문입니다. 또한 성령님만이 하나님의 사랑을 우리 마음에 부어 주시기 때문입니다. 하나님의 사랑이 충만할 때, 우리는 사람들을 진정으로 사랑할 수 있습니다. 지속적으로 사랑을 실천할 수 있습니다. 인간적인 사랑이 아니라 하나님의 사랑으로 사랑할 수 있습니다. 성령님은 우리에게 사랑을 부어 주실 뿐만 아니라 사랑을 실천할 수 있는 능력을 부어 주십니다. 성령님의 도우심이 있을 때, 우리는 사랑과 능력으로 말씀에 순종할 수 있고, 이웃을 사랑할 수 있습니다.

말씀 묵상의 비결은 꾸준함에 있습니다

말씀을 묵상하는 시간은 하나님과 만나는 고요한 시간입니다. 말씀 묵상을 할 때, 우리는 가능한 정해진 시간과 장소에서 지속적으로 이어가는 것이 좋습니다. 여가 시간에 말씀 묵상을 하지 마십시오. 무엇보다 말씀 묵상을 우선순위에 두십시오. 그리스도의 제자에게 있어 하나님을 만나고, 말씀을 통해 그분의 음성을 듣는 것보다 더 소중한 일은 없습니다.

말씀 묵상이 거룩한 습관이 되어야 합니다. 말씀 묵상의 깊이는 꾸준함과 관련이 있습니다. 말씀 묵상을 꾸준히 하기 위해서는 우선 말씀 묵상의 중요성과 유익을 자주 상기해야 합니다. 우리는 중요하고 가치 있다고 생각하는 것을 지속하게 되기 때문입니다. 또한 말씀 묵상의 참된 의미를 거듭 깨달아야 합니다. 말씀 묵상은 지식을 축적하는 것이 아니라 삶의 변화를 위한 것입니다. 하나님과의 친밀하고도 깊은 교제를 위한 것임을 기억하십시오.

그리고 말씀을 묵상하는 법을 배워야 합니다. 어떤 일을 하든지 잘하고 꾸준히 하기 위해서는 기술이 필요합니다. 즉, 방법을 배우고 터득해야 합니다. 말씀 묵상을 오래 해 온 영적 안내자들의 도움을 받는 것도 지혜입니다. 또한 말씀 묵상집을 이용하는 것도 말씀 묵상을 꾸준히 하는데 도움이 됩니다. 성경의 이곳저곳을 내키는 대로 펴서 묵상하는 것은 좋은 묵상 방법이 아닙니다. 너무 많은 양을 묵상하는 것도 바람직하지 않습니다. 말씀을 정해서 일정한 분량으로 꾸준히 연결시켜 묵상하는 것이 좋은데, 말씀 묵상집이 도움이 되는 것은 성경 전체를 몇 년 동안 일정한 분량씩 묵상하도록 안내해 주기 때문입니다.

말씀 묵상을 서로 나누고 점검해 줄 공동체도 필요합니다. 혼자는 무슨 일을 지속하는 것이 쉽지 않습니다. 그래서 서로 격려하고 응원하고 점검해 줄 수 있는 공동체가 필요한 것입니다. 또한 말씀 묵상의 즐거움을 지속적으로 맛보아야 합니다. 무엇이든 지속하기 위해서는 즐거워야 합니다. 말씀 묵상은 거룩한 즐거움이요, 성스러운 놀이입니다. 말씀 묵상은 거룩한 일이기에 말씀을 대하는 태도는 진지해야 하지만 즐거움을 잃어서는 안 됩니다. 깨달음의 즐거움, 변화와 성장의 즐거움, 성삼위 하나님과의 친교하는 즐거움을 경험할 때, 우리는 말씀 묵상을 지속할 수 있습니다.

서서히 믿음의 근육을 키우고, 시간을 분별해 말씀을 묵상하는 것도 중요합니다. 성장과 성숙은 하루 아침에 이루어지는 것이 아닙니다.

우리가 사용하는 시간과 물질을 보면 우리의 영성을 알 수 있습니다. 그러므로 가장 소중한 시간을 말씀 묵상하는 데 가장 먼저 사용하는 것은 아주 중요한 일입니다. 우리는 육신의 양식을 먹는 데는 아주 체계적입니다. 한 끼만 걸러도 어쩔 줄 몰라 합니다. 하지만 그에 반해 영적인 양식을 먹는 데는 얼마나 체계적이고 민감한지 스스로 점검해 보아야 합니다.

마지막으로 말씀 묵상을 꾸준히 하기 위해서는 성경 암송을 통해 마음에 말씀을 저장해 두는 것이 좋습니다. 우리 마음은 무엇을 담느냐에 따라 달라지기 때문입니다.

"그릇은 무엇을 담느냐에 따라 그 가치가 결정됩니다. 오물을 담은 그릇은 아무런 가치를 지니지 못합니다. 황금을 담은 그릇의 가치는 매우 높습니다. 마찬가지로 인간은 모두가 기억이라는 그릇을 가지고 있습니다." _ 허성준 마음의 그릇, 기억의 그릇에 말씀을 담는 것은 황금과도 비교할 수 없는 귀한 보화를 담아 놓는 것입니다. 말씀을 암송하고, 묵상하면 우리 마음은 말씀으로 충만한 도서관이 됩니다.

지금 우리는 언제든지 설교를 들을 수 있는 인터넷 시대를 살아가고 있습니다. 말씀의 홍수 시대 속에 살고 있는 것입니다. 그런데 사람들의 영혼은 점점 황폐해져 갑니다. 수많은 설교를 들어도 말씀이 깊이 뿌리를 내리지 못하고 있습니다. 홍수가 나면 오히려 물이 귀해지는 것처럼, 말씀의 홍수 속에서 진정한 말씀의 생수를 마시지 못한 채 갈급함을 느끼고 있습니다. 아모스의 탄식이 우리의 탄식이 된 듯합니다.

"주 여호와의 말씀이니라 보라 날이 이를지라 내가 기근을 땅에 보내리니 양식이 없어 주림이 아니며 물이 없어 갈함이 아니요 여호와의 말씀을 듣지 못한 기갈이라" 암 8:11.

복 있는 사람은 말씀을 묵상하는 사람입니다. 복 있는 사람은 하나님을 모신 사람입니다. 지금 말씀을 묵상하고 있다면 이미 우리는 복을 받은 사람입니다. 성령님과 함께 말씀을 묵상함으로 예수님 안에 거하십시오. 예수님이 우리 안에 거하시도록 하십시오. 우리 안에 거하시는 예수님과 친밀한 교제를 나누십시오. 말씀의 샘에서 샘솟는 기도는 부요합니다. 말씀 묵상을 통해 더욱 성장하고, 성숙하고, 원숙함에 이르도록 하십시오. 말씀 묵상을 통해 하나님의 사랑을 경험하고, 그 사랑을 실천하는 사람이 되십시오. 많은 사람들을 주님께로 인도하는 사람이 되십시오. 말씀을 사랑하고, 말씀을 통해 하나님을 갈망하는 삶 가운데 하나님의 평강이 넘치시길 바랍니다.

토기장이 강준민 시리즈 3
영성의 뿌리는 묵상입니다

초판인쇄 • 2014년 9월 30일
6쇄발행 • 2020년 4월 30일

지은이 • 강준민
발행인 • 임용수
대표 • 조애신
책임편집 • 이소정
편집 • 이소연
디자인 • 임은미
마케팅 • 전필영
온라인마케팅 • 고태석
경영지원 • 김정희, 전두표

발행처 • 도서출판 토기장이
주소 • 서울시 마포구 망원로 26 토기장이 B/D 3F
출판등록 • 1990년 10월 11일 제2-18호
대표전화 • (02) 3143-0400
팩스 • (02) 3143-0646
E-mail • tletter@hanmail.net
www.facebook.com/togijangibook

ISBN 978-89-7782-317-4

값 13,000원

"우리는 진흙이요 주는 토기장이시니
우리는 다 주의 손으로 지으신 것이라" (이사야 64:8)

국립중앙도서관 출판예정도서목록(CIP)

영성의 뿌리는 묵상입니다 / 지은이: 강준민. — 서울 : 토
기장이, 2014
    p. ;   cm

ISBN 978-89-7782-317-4 03230 : ₩13000

성서 묵상[聖書默想]
묵상집[默想集]

234.2-KDC5
242.5-DDC21   CIP2014026420